米騒動・大戦後デモクラシー研究会
井本三夫 編

米騒動
大戦後デモクラシー
百周年論集
Ⅳ

集
広
舎

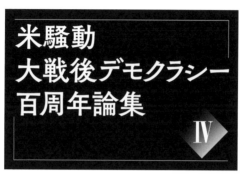

装丁／design POOL（北里俊明・田中智子）

はじめに

本書は、『米騒動・大戦後デモクラシー百周年論集』の第四集になるが、幸いそれに相応しいテーマを揃えることができた。類別して以下の四種である。

第一種：総括的・要約的なテーマ。この日本近代最大の民衆蜂起がどのように誤解されてきたかを指摘することである。「米騒動はなぜ富山県から始まった米騒動と間違われたのか」という、この百周年期に明らかにされた基本問題は、二、三の拙著[1]でも説明されているが、そのまとめにイギリスでの騒擾観を加えた。

第二種：日本近代の他の重要問題との関係。「米騒動」の資料蒐集者である細川嘉六の「ふるさと研究会」と称する者が横浜事件との関係を誤っていることの指摘、政府の（朝鮮などへの）対外膨張政策の批判や、震災時の朝鮮人大虐殺の問題である。

第三種：富山湾東半の北前船についても上梓[2]してきたが、そこで書き落としていた大海食・神通川東遷による四方町の悲劇。筆者の父祖の地なので自伝の前言的性格を持つ稿である。

第四種：本論集掲載の諸論文についての所感。

本巻が、米騒動・大戦後デモクラシーの研究に役立つよう、願ってやまない。

註

（1）拙著『米騒動という大正デモクラシーの市民戦線――始まりは富山県でなかった』（現代思潮新社、二〇一八年）の総論と二五六頁以下。本論集第Ⅲ巻の第八章など。

（2）筆者編『北前の記憶』（桂書房、一九九八年）、『水橋町（富山県）の米騒動』（同、二〇一〇年）。

目次

はじめに　3

映画『大《だい》コメ騒動』の間違い……井本三夫　11

「米騒動」はなぜ、富山から始まったと間違われたか……井本三夫　19

イギリスの一八世紀食糧騒擾研究と〝モーラル・エコノミー〟論争
……コリン・スロス　29

横浜事件とNPO「細川嘉六ふるさと研究会」の〝新解釈〟……村上邦夫　47

明治政府の対外膨張戦略の批判的検討
司馬遼太郎氏らの「朝鮮観」を手がかりに……村上邦夫　73

姜徳相論文の紹介　震災時の朝鮮人大虐殺は権力が意図して政策的に仕組んだもの……井本三夫　115

四方町《よかた》（富山県）の大海食・神通川東遷による悲劇……井本三夫　123

序　章　中世岩瀬湊は四方沖　125
第一章　近世中期までの打出～西岩瀬地域　134
第二章　近世後期・明治前期の四方町　154
第三章　汽船・洋帆船に替わった明治後半　170
第四章　祖父の不幸と転居　190
第五章　父母の代の再建　201
まとめ　筆者による歴史把握　207

「米騒動」を〃土下座・哀願〃にかえる『富山県女性史』の警察史観……井本三夫　211

論集第Ⅰ・Ⅱ巻の諸論稿についての所感……井本三夫 221
第一章　国際的性格についての諸論稿 223
第二章　米騒動の国内勃発地についての諸論稿 231
【執筆者略歴】 246

第Ⅰ巻　目次

一〇〇周年・一五〇周年を迎えた「米騒動」と「維新」の内的関係　井本三夫
米騒動と植民地朝鮮　趙　景達
東南アジア米輸出ネットワークと米騒動　佐藤いづみ
炭鉱労働者にみる米騒動の表出　常磐炭田の労働争議　赤城　弘
広島県の「米騒動」・大戦後デモクラシー　是恒高志
米騒動と民衆　神戸を事例として　藤田貴士

第Ⅱ巻　目次

米騒動と中国　一九一八年江蘇米対日輸出と江蘇省議会　堀地　明
台湾の米騒動期と議会設置運動　井本三夫
寺内内閣・山口県・米騒動　井竿富雄
北九州の「米騒動」期とその背景　井本三夫
静岡県下の第一次大戦末米騒動、その始まりと再定義、発生理由　清水　実
現地案内　京浜の「米騒動」争議　石川島・コトンハーバー　井本三夫
仙台市の米騒動　中川正人
秋田の鉱山と土崎の米騒動・大戦後デモクラシー期『種蒔く人』とその後　佐藤　守
「米騒動」の女性先駆は工女たち　女坑夫・陸仲仕・製塩女工が続く　井本三夫
富山県、下新川地方の米騒動論が混乱した理由　井本三夫
米騒動像の更新と部落問題　井本三夫

第Ⅲ巻　目次

井本三夫

はじめに

第1部　世界の食糧騒擾

第1章　農業が始まって食糧危機・騒擾が発生する

第2章　中世末・ルネッサンス期の食糧騒擾

第3章　大航海時代に食糧騒擾も世界化

第4章　西欧市民革命と食糧騒擾

第5章　日本近世の米騒動

第6章　食糧騒擾の西欧型終焉と、世界の経路別近代化

第7章　極東版の「上からの近代化」と米騒動の変容

第8章　日本の近代米騒動とモーラル・エコノミー論

第2部　日本米騒動の研究史

第9章　各層の「米騒動」期における反応

第10章　戦前の「米騒動」研究

第11章　戦後一九五〇年代までの研究

第12章　五〇周年期（一九六八年前後）からの研究

第13章　六〇周年（一九七八年）代の研究

第14章　七〇周年（一九八八年）期から二〇〇〇年代へ

第15章　大戦末「米騒動」の原因・勃発構造の認識へ

おわりに　「米騒動」百周年活動の報告を兼ねて

映画『大《だい》コメ騒動』の間違い

井本　三夫

米騒動はなぜ富山からと間違われたか

食糧は大消費（移入）地帯が先に投機的に値が吊り上げられるもので、米価もそうだから、米騒動は大都市・工鉱業地で一九一七年六月に、米産地で米に余裕がある富山県では一年も遅れた一九一八年七月に移出停止要求で始まった。ところが、その八月初旬にシベリア出兵で激化期に入ったので、激化期に近かった上に新聞が〝女一揆〟と騒いだので富山が火元と誤認されてしまったのである。船積み地帯で漁民は陸《おか》のことは女任せ（男は夜中から沖に出て昼寝し夏は北洋出稼ぎ）だったからに過ぎない。

東映と筆者の間の経緯

二〇一九年末に東映の東京撮影所第二制作部の者から、拙著『水橋町（富山県）の米騒動』（桂書房、二〇一〇年）で本木という監督が映画を作っているので写真を貸して欲しいと言ってきたが、そのような街頭型米騒動の六カ月も前に、職場型米騒動が高岡市の丸二汽船会社の「神威丸」の食糧費ストから始まって西礪波《にしとなみ》の瓦工などに広がっていたし、富山県から始まったとすること自体が誤りと判っている現在、そのような映画作りは反対だと監督への手紙を託した。

二〇二〇年一一月になって東映の宣伝を請け負うP２㈱の者から、是非見に来てくれと試写会の招待券が送られてきた。同封パンフレットを見ると、以下の二点で少し改善されたように見受けた。

①「STORY」の末尾から数行目に「尾ひれがついたまま全国へ広がっていく」と書かれ、全国騒動の発祥地という言葉はない。

②「新川《にいかわ》地区」とあって特定の町にしていないので、魚津のような愚劣な本家争いでは無さそうである。

しかし、「シベリア出兵の噂」以前から米価が騰っていた理由が間違っていたので、拙著『米騒動という大正デモクラシーの市民戦線――始まりは富山県でなかった』の三二頁を見て正しい原因に直すこと、パンフレットの「米騒動年表」に新川地区での始まりが一九一八年七月二〇日とあるのを初旬に直し、その前に一九一七年六月から対米価賃上げ争議・暴動が急増していたことを入れるべきと指摘し、求めに応じて以下のような映画評を送った。

(1) 第一の問題は、髪を振り乱した怪物然とした婆さんが中心人物にされ、その気違いじみた演技が喜劇的でさえあること。そんなことになった理由は、パンフレットの「Production note」を読んで判った。この映画の企画はその「おばば」を演じた室井滋が、富山で行われた「日本女性会議」(二〇〇八年)の席上で岩波ホールの故・高野悦子に勧められて始まったもので、滑川《なめりかわ》育ちの室井の幼時からの記憶に、そのような怖ろしい婆さんがいたのだという。「昔の日本のコミュニティーには必ず一人ずついたリーダータイプの女性。室井さんはそのイメージがしっかりできていらしたのでお任せしましたが、実際はやりすぎくらいの風貌になってしま」ったという。問題は「やりすぎ」のほかに、荷役(女性)労働者のリーダーを「昔の日本のコミュニティーに」いたという一般論に解消してしまったところにある。実際の新川「米騒動」の中心人物たちは、モンぺに兵児《へこ》帯、自ら労働する現実的そのものの労働女性であり、単なる地域リーダーではない。拙著『水橋町(富山県)の米騒動』一九四頁の水上ノブ、二二五頁の水上トキの写真を見れば、働く人間の健全性が判ろう。滑川町でも同様の川村サトが有名であった(「サンケイ新聞」地方総集版、一九六八年三月一三～一六日)。製作者は女たちの抵抗として捉えているようであるが、同時に荷役(女性)労働者という前期プロレタリアの闘いだったのであり、彼女たちの夫は(『蟹工船』に出てくるような)北洋漁業労働者そのものだったのである。

(2)第二の問題は、富山県のような米の移出地帯では移出米商と小売の米屋は全く別で、移出すると値が上がってしまうという積み出し阻止だったのだから、小売りの米屋と関係することは全くないのに、映画では両者が分離されておらず、飯米の貸し借りなどという大都市など米移入地帯の話とごちゃ混ぜになっている。監督も俳優も富山県出身と称するが、富山県の米騒動と全く違う。それもそのはず、新聞や便乗派が地域ナショナリズム(実は裏日本コンプレックス)を擽《くすぐ》って儲けや町興し宣伝の種にしているだけで、具体的な騒動過程は伝えていないからである。事実は、積み出させないようにすることに集中していたから、汽船へ米を運ぶ艀《はしけ》を出させない、艀の纜《ともづな》を押えて離さない、米を運んでくる荷車のかじ棒を抑える、艀の下に座り込んで海へ出させない、赤ん坊を抱いて艀の下に寝たおかみさんたちもいた。

米俵にしがみついて運ばせないこともするが、砂浜を引きずったりはしない。米俵にとって最大の禁物は、濡らすことと砂にまみれることである。米に砂が混じればどういうことになるか考えてみればよい。担いでいる者もバランスが崩れるとすぐ落としてしまうので、男たちも女に縋られるとすぐ運ぶのを止める。そして男たちも米を出したくないので、小声で（監督に聞こえないように）「もっとやれ、もっとやれ」と女たちを応援していたのである。だから映画のように砂浜で米俵を引きずり合う場面や、パンフレット冒頭に飾られている映画の終り近くの、こん棒を持った女軍が鬨《とき》の声をあげて押し寄せる戦争ごっこのようなシーンは間違いである。艀の周りの阻止行動、神社での作戦会議や女仲仕《なかし》らのサボタージュ、駅の男仲仕の賃上げストなどであるべきだった。

(3)　「大地主」の登場のさせ方にも問題がある。「大地主」であること自身より、移出米商を兼ねていることが問題なのに、それが全く書かれていない。そのうえ小娘に身売りさせる話をしてすり寄るなど「いやらし」さを演じさせたり、男仲仕の親分の浮気騒ぎを入れるなど俗である。聞きに来れば滑川米騒動の斎藤弥一郎による聞書きなど、興味ある挿話をたくさん話してあげられたのに、ストーリーを頭で作っているから月並みな作り話にしかならない。筆者ら研究者と接触を保とうとしなかったところに根本問題がある。

(4) パンフレットに、撮影が行われた町として「富山市・魚津市・滑川市・射水《いみず》市」と並べられ、その富山市に水橋町は今は属しているが、米騒動史では大事な町なので「水橋町（現・富山市内）」とでも書くべきであった。映画でも「食えなければ死んでしまえばいい」と啖呵を切る米商の女将《おかみ》が登場するのは拙著『水橋町（富山県）の米騒動』の証言10の場面であり、同書一六二頁の写真「大正時代の大町通り」も画面に借用されているようである。

この稿を書いているところへ、本木監督の談話が一月六日の「しんぶん赤旗」に出て、「実際の事件を基にオリジナルの物語で運ばれます」、「映画は虚構ですがその中で伝える真実が間違っていなければいい」とあった。映画の最後にもフィクションだと断わっているが、それは登場人物やストーリーのことであって、富山県新川地方とパンフレットで明言している以上、(1)〜(3)の諸点は間違い以外の何物でもない。しかも、それと全く同内容の『大コメ騒動　ノベライズ』なる小型本が（東映や脚本家とどのような関係のものか知らないが）出されて、「史実に基づく」と宣伝しているに至っては、「大コメ騒動」でなく「大間違い」である。

#「米騒動」はなぜ、富山から始まったと間違われたか

井本　三夫

1　食糧騒擾における賃上げ型と値下げ（街頭）型

一般に食糧価格を下げることと賃金（労働力の価格）を上げることとは、食糧騰貴という一つの現象に対して同じ意味を持つ二つの方法である。日本の近世でも鉱山・塩田のような採集労働や仲仕・中馬など運輸・交通関係、つまり野外の集団労働では古い現物給与の習慣と絡んで賃上げ型の米騒動が存在していた。金沢の金箔職人や信州飯田の元結い職人のように同職者が集住していた所では、その賃上げ集団が街頭の値下げ運動に合流して、指導する例も見られた。

欧州では身近な日用必需品である毛織物の製造が中世末から一般都市で行われ、その職人の賃上げ争議が一般住民の街頭行動と合流してしばしばそれを主導し、近世には炭坑夫も日用燃料の供給者として不可欠な存在になっていたから、職工・坑夫の争議が食糧騒擾の一環であり屢々主導的であることが常識化していた。しかし日本の場合、毛織物工業や炭坑が無かった上に幕藩体制が石高制だったため、藩米・扶持米の換金率を高く保つ役割を負わされた各藩特権商人とその倉を標的にする、値下げ街頭型が米騒動のイメージとなっていた。

2 「上からの近代化」後の食糧騒擾は労働者が主導する

ところが維新後の廃藩置県・地租改正で、街頭型米騒動の標的になっていた特権商人が一斉に消え、米は全国流通し、米価は遠い中心都市の取引所で決まるようになったから、近世末の街頭型は全国的にほとんど消え、米の積み出し状景が目につく米移出地帯（北陸・東北南部など）と京都・大阪その他の歴史的地区に残るだけとなった。そしてその一方で、「上からの近代化」で移植された産業革命や近代の諸制度が生み出した、勤労者の賃上げ騒擾と居住区消費者運動が一対で急成長した。

米騰貴年度の前後の賃上げ騒擾の件数を青木虹二編『日本労働運動史年表』で見ると、明治初年は判らないが他の全ての米騰期に賃上げ型件数が急増しており、〈富山県など移出地街頭型の件数／賃上げ型件数〉の比が、

西南戦後（11／5）↓企業勃興期（3／2）↓日清戦後（1／5）↓明治三六年（1／24）↓日露戦後（1／171）↓元号交替期（1／11）↓第一次大戦末（1／73）

と急減している。つまり「日清戦後産業革命」以来、日本近代の米騒動は賃上げ型の主導性が確立していた（殊に日露戦後は高税下の慢性不景気のため争議数が非常に大きい）のである。そしてその勤労者の居住区では消費者運動も成長し、日露戦後には全国購買組合連合会に消費組合連盟が組織されるに至っていた。

3　明治期偏見・見落としが一貫

(1) 賃上げ型は（移出地）街頭型より一〇カ月前後も早く起こっていた

争議件数の増加（青木年表）は、明治一三年に米価ピークのある西南戦後米騒動では明治一一、一二年に、また同二三年が米価ピークの企業勃興期米騒動では二一、二二年に、同三一年に米価ピークのある日清戦後米騒動では二九、三〇年から、同四〇年が米価ピークの日露戦後では三九年から、明治四五年にピークのある元号交替期米騒動でも四三年からと、いつも争議件数の増加が米価や移出地帯街頭型米騒動のピークより一〇カ月前後も早い。これは一般に労働者は平素から集団で働いているので、米価が騰がればそれに見合った賃金の要求に直ちに集団で（組合らしいものがなくても）押しかけられるから、端境期《はざかいき》や二百十日頃の天候不順で賃上げが始まるが、間もなく新米が獲れて値が一度下がり、米に余裕のある米産地の移出地帯などで積み出し反対の街頭型が起こるのは、米価が再び騰がる翌年春以後になるからである。

(2) 街頭型だけを見る近世来の偏見

前節で見たように、「上からの近代化」で米騒動型は労働者階級の賃上げ型、居住区消費者運動が主導する近代型に替わっていたのに、近世来の思い込みで米騒動といえば街頭型ばかり探していたから、明治の米騒動はいつも街頭型が残る米移出地帯（北陸・山陰や東北南部など）が中心で、それに京・大阪・馬関など歴史的な地域の事件が少し混じるものと誤認されてきた。近代の通史、例えば井上清のテキストなどは、間違ってそう書いている。

しかし米移出地帯は工業化が後れ、米と出稼ぎ労働力という付加価値の低い商品しか出せない地方だったから、そこの街頭型ばかり見ていた明治期米騒動の論議は、後進地帯に遺る近世型の終焉期を見ていたことになる。積み出し反対の街頭型が、明治末には富山・新潟県境「親不知《おやしらず》の関」両側や能登先端部にしか残っていなかったのは、そのためである。

4　第一次大戦末「米騒動」

(1) 最激化は一八年八月だったが、始まりは一七年六月

米騒動は近世・明治にもあったから、ここで見る第一次大戦末のそれは括弧付きで「米騒動」と表す。その実質米価騰貴率（米価上昇率を賃金上昇率で割ったもの）を描いてみると、一七年から急上昇して二〇年春まで一貫する長大な騰貴の上に、一八年夏のシベリア出兵開始期の奔騰を載せた二階建てになっており、それに対応して「米騒動」も一七年六月前後から、大消費（米移入）地帯である大都市・工鉱業地で賃上げ型・消費者運動で始まっていた。米産地で米に余裕がある富山県では一年も後れて一八年七月に（移出停止要求が）始まったが、それが中央紙に出て〝女一揆〟と騒ぎ

立てられた八月初めが、丁度シベリア出兵騰貴による激化期だったので自然に火元扱いされ、その時点からだけの記事を集めた「資料集」が出て大部の本になったので、永い間誤認されたままだったのである。

女性中心だったのは、米の船積み地帯で積み出しを見せつけられるのが漁民で、男が夜中から沖に出かけて昼寝し、夏は北洋出稼ぎだったに他ならない。だから「米騒動」が女性中心だったのは富山湾沿岸だけではない。男たちが沖仲仕《おきなかし》や漁夫として沖に出ている、小倉港の女石炭(陸《おか》)仲仕や瀬戸内塩田女工(寄子《よせこ》・釜子)も、この「米騒動」で積極的役割を果たしていた。

しかし、「米騒動」の女性で最も先駆的だったのは、製糸紡績の女工たちである。前述のように工鉱業地帯では一七年六月から賃上げ争議が急増していたが、そのなかで炭坑夫と並んで最も多かったのが製糸紡績関係で、その八、九割が女性だった。明治以来、外資獲得の犠牲にされ哀史で知られた彼女らこそが、「米騒動」でもまた、最も先駆的にたたかっていたのである(『米騒動・大戦後デモクラシー百周年論集』第Ⅱ集の二五七頁を参照)。

(2)「上からの近代化」だったから、外圧後退期に「下からの近代化」が起こった

以上で「米騒動」が、なぜ富山からと間違われたかの問題については終えたが、全体の台になっている一七年春から二〇年春までの長大な騰貴がなぜ生じたか、を申し添えておこう。帝国主義戦争でも日露戦争までとは逆に、欧州列強自身の本土が戦場になったのが第一次大戦だから、そこへ

の軍需品その他の輸出が急増した上に、彼らが支配してきた世界市場から手を抜いたので、米日などに未曽有の貿易黒字が生じて金余りになり、物価特に米価が上がった。しかし貿易黒字は拡大再生産すれば国内消費の分も生産できるはずだし、それで米も輸入すれば騰貴するはずがないのだから、それに使えていなかった理由を挙げねば説明にならない。

そして将にその理由があったのが日本近代である。日清・日露戦後に日本の産業革命は済んだことになっていたが、日本は製造機を英米などからの輸入に頼り続けていたから、戦時でそれが輸入できなくなると拡大再生産が頭打ちになって金余りが生じ、投機横行で物価騰貴になり、その騰貴が最も激しかったのが、地主たちが取上げた小作米をできるだけ高く売れるよう輸入を抑える関税をかけさせていた米だったのである。

製造機を輸入に頼り続けていたことについては、例えば石井寛治はこう書いている[1]。「日本の産業革命は産業部門ごとの発展が不均衡であり」、「繊維工業と鉱山業に五〇〇人以上の大規模作業場が数多くみられ、賃金労働者（職工・鉱夫）も両分野に集中していた。これらの分野の労働は比較的単純なため、低賃金労働者が豊富な後進国日本は有利な位置にあった。これに対して、重工業（＝金属・機械工業）のように多額の投資設備と熟練度の高い労働者が必要な分野は、なかなか発展できなかった。……日本の機械工業はせいぜい修理を担当する程度であった」。そのため「急成長を遂げた綿糸紡績」でも「必要とする紡績機械をもっぱらイギリスから輸入していた」。

他の諸部門での状況についても内田星美[2]が示しており、これが高橋亀吉[3]・橋本寿朗[4]の示すように投資制約問題を生じ、武田晴人も示すように「投資資金が遊休化し、〈金あまり〉現象を来した[5]」のであった。

このように製造機を輸入に頼り続けていた日本の産業革命の移植性も、高額小作料を現物で納めさせて、それが高く売れるように米輸入に関税をかけさせていた前近代的地主制も、「上からの近代化」ゆえに遺っていた旧構造にほかならない。だから外圧の最大後退期に生じた大貿易黒字とその旧構造が矛盾して破裂したのが「米騒動」であり、「上からの近代化」を補完する労働者主導の「下からの近代化」の闘いだったから、一七年春のストライキ急増で始まったのである。

註

（1）『日本大百科全書』（小学館、一九八四年）の石井筆「日本産業革命」の「発展のアンバランス」の節。

（2）内田星美「技術移転」の4節「機械輸入と外資提携」（西川俊作・阿部武司編『産業化の時代 上』日本経済史4、岩波書店、一九九〇年）。

（3）高橋亀吉『大正昭和財界変動史 上巻』東洋経済新報社、一九五四年、七九頁。

（4）橋本寿朗「重化学工業化と独占」（『社会科学の方法』一〇七号、御茶の水書房、一九七八年、一〇七頁）。

（5）石井寛治・原朗・武田晴人編『日本経済史 3 両大戦間期』東京大学出版会、二〇〇二年、五頁。

イギリスの一八世紀食糧騒擾研究と〝モーラル・エコノミー〟論争

コリン・スロス

1　初期のイギリス食糧騒擾史研究

イギリスの食糧騒擾史の研究は、初期にはそれを〝胃袋の反乱〟として、しばしば単純に描き過ぎていた。食糧騒擾は貧民の食糧不足に対する、単純な反応と思われていたのである。W・W・ロストウの〝social tension chart〟(1)は有名で、飢饉・食糧騰貴と騒擾の間の密接な関係を強調する際よく話題にされたものである。しかし歴史家たちは今日、これら騒擾を生活条件悪化に対する単純で偶発的な反応と見るのには、批判的になっている。もちろん、食糧騒擾が経済の困難期に頻発することは認識されている。しかし他のもっと複雑な要因も、影響することが明らかになってきているのである。

イギリスで一五二〇年頃以前の食糧騒擾を論ずるのは、頼りになる史料が無く極度に困難である。この短い報告は、そのような困難が少ないと思われる一八世紀のイギリス食糧騒擾について、影響力のある研究の幾つかを紹介するものである。

騒擾と群衆行動を精緻な仕方で扱った最初の大きな業績は、ジョージ・リューデの『The Crowd

in the French Revolution』[2]（一九五九年）とホブスボームの『Primitive Rebels : Studies in archaic forms of social movement in the 19th and 20th centuries』[3]だった。これらの研究は群衆の行動の複雑さに光を当て、それがしばしば原初的な意味で「政治的」と言えるものであることを指摘した。一八世紀イギリス食糧騒擾について最も影響力のある研究は、Ｅ・Ｐ・トムスンの一九七一年の論稿『The Moral Economy of the English Crowd in the 18th Century』である。彼の〝モーラル・エコノミー〟モデルは歴史家の間に大きな論争を引き起こしたので、これについてはやや詳しく紹介・批評する必要があろう。

2　Ｅ・Ｐ・トムソンの〝モーラル・エコノミー〟

ホブスボームやリューデの考え方に立って、トムスンは明敏な考察により、食糧騒擾を飢えに対する自動的・偶発的な反応とする考えに強く反対した。代わりに彼は、「食糧騒擾は練磨され高度に明確な目標をもつ、民衆の直接行動の極めて複雑な形態だ[4]」と主張する。その上「食糧騒擾にかかわる民衆は経済的要因に左右されると同程度に、〝モーラル・エコノミー〟によっても影響されていた」という。これは「市場売買・製粉・パン焼き等に関する正当とそうでない事についての、民衆的な合意だった。コミュニティ内の諸派に係ってこれら特定の経済的職能が果たすべき、社会的規範・義務に関し、伝統的な整合した見解に拠っていたのである」。だから「これらの倫理的前提が破られることは、何かを実際に奪われたのと全く同様、直接行動への普通のきっかけとなり得た」[5]。トムスンは近年、自分のこの論文は他の社会、他の時代の食糧騒擾の説明にも使えるような食糧騒擾の一般論を意図したものではなく、特殊的に一八世紀イギリスに関する議論だったのだとことわっている。また騒擾の全局面の完全な説明を与えようとしたものではなく、「市場などでの騒動に最も頻繁に関わる労働民衆」のメンタリティと、その民衆の「政治文化・期待やそれに実のところ思いこみをも[6]」分析することを意図したものだ、と強調している。

モーラル・エコノミーは部分的にはパターナリスティック（温情主義的）なモデルに由来し、チューダー＝エドワード朝期に溯るとトムスンは言う。これはジェントリーと農民の間の認知された伝統的な関係で、部分的には双務的な絆に基づいていた。製粉業者のような仲買いへの不信に係わるこのパターナリスト・モデルは、市場経済の成長や放任主義的な考え方の拡がりと次第に衝突しつつあった[7]。しかしトムスンが強調するように、この衝突は緩やかな形に引き延ばされ、長い周期で起こっていたのであった。しかも群衆は、パターナリスト・モデルのうち彼らの行動の合法化に役立つような側面だけを選んだ、とトムスンは主張する。これが正当価格の観念の由来だという。

しかもその（ジェントリーとの）双務的な関係も明らかに変化しつつあった。「少なくとも一七六〇年代までは、値上がりの年にはいつも富裕な土地貴族が領地の大抵の地域へ求めに応じやって来て、例えば門前で廉売している者に市価に比べ安く穀物を回してやったり、地方の値引き協定を提起するのに適当な率で市場に供給するよう小作たちに命じたり[8]」等したが、「市場が地方の人格的なものから、人間の顔のない大きな都市的なそれへ順次変わるにつれ、情況は世紀の終わりまでには変化していった」。

食糧騒擾理解へのトムスンの他の主要な貢献は、群衆の相当なしたたかさに目を開かせたことであろう。加わっている民衆はしばしば非常に自制的で訓練されている、とトムスンは強調する。単純な心理の暴徒という以前の歴史的解説とは違い、多くの場合貧民の方が役人のような局外者よりずっと地方の実情に通じていて、また「成果のある方法は彼らの腕をねじ上げる」ことと知っている。[9]トムスンによればこの「したたかな集団行動のパターン、なじみの個人的な方法に替わる生存の為の集団的戦略[10]」を記述するのに、〝暴動（riot）〟という言葉は不適当である。彼には食糧騒擾参加者たちの行動が〝機能的〟に見える。食糧騒擾は、パン高値の時しばしば手応えがあり典型的には何らかの形で価格固定の成果をうる、多くの場合〝上首尾〟な〝交渉〟の一形態なのである。このような共同体的振舞いは思慮に欠けた暴力行為ではなく、力の行使を伴う〝集団購入の一形態〟と考えられる。

トムスンは飢えが食糧騒擾の唯一の原因ではないと強調しつつも、経済的困難と行動参加者たちへのその影響を軽視することは非難してきた。近年の著書の中で、「救貧法と地方的慈善の御蔭で飢餓は一八世紀に現実の危険ではなくなっていたが、一七四五年までは穀物価格と死亡率の間に少し相関が見られた[11]」と述べていることで彼の立場は明らかであろう。この点の理解を深めるため彼は、「一八世紀食糧暴動がまさに最強であった地域の一つ」「（イングランド）南西部で危機死亡率が断然最高の出現率で起こっていた[12]」というE. A. WigleyとR. S. Shofieldの研究を引用している。

3　モーラル・エコノミー・モデルへの批判

トムスンのモーラル・エコノミーとその一八世紀食糧騒擾への影響についての論文は非常に影響が大きかったので、ある歴史家は「新しいOrthodoxy（正教・正統思想）の到来[13]」と表現した。ジョン・スティブンソンは、偶発的な出来事に意味を纏わせ過ぎたり「全ての暴力行為をプロテストと」見たりすることには反対する。彼はトムスンの解釈の価値を認めながらも、それをあまり固定的に使うことに反対しているのである。食糧騒擾の多くは「特別な危機が起こった時に変化に抗して起こる意味では回顧的なプロテストだ[14]」とジョン・スティブンソンは指摘する。そして「モーラル・エコノミーが実在したとすれば、変化に対し著しく柔軟で弾性的なものだっただろう」と彼は言う。

デール・ウィリアムスも多くの論文で、モーラル・エコノミー論の幾つかの側面に挑戦している。彼は一七六六年の食糧騒擾についての論文の中で、騒擾時の群衆の行動はチューダー＝エドワード朝の慣例に基づくモーラル・エコノミーに由来すると見るよりも、「拡大する全国市場経済への伝統主義者の反発が第一義的だった[15]」と提起する。しかもこの種の行動は「高度に個々の固有性を示すものだ」と彼は指摘する。またこれらの騒擾は、市場システムが適切に機能しない際の極めて非日常的な市場条件に対する反応だという。騒擾参加者たちに見られる行動原則は、モーラル・エコノミーの伝統的観念によるよりも、現実問題への実際的反応として見る方が良く説明される、とウィリアムスは感じている。

彼は全国的に考えると、平均して各マーケット・タウンにこの世紀にわずか一回の食糧騒衛[16]があった程度の「大衆安定度」だったと見ている。（これに関してはチャールス・ウオースとランドールが、新聞や裁判記録が大きい事件しか報じていなかったための数え不足だろう、と批判している。[17]）またウィリアムスはトムスンの支配・被支配層間の闘争へ注目を評して、「中間層」と「市場機構」出現の双方が無視されていると難詰する。

ヤン・ギルモアも最近の著書で、モーラル・エコノミーの理念を批判している。群衆が価格を固定しようとする動機が「昔のまたは反資本主義的な考え方に由来するという発想は非常に疑わしい。そういう考え方は後ろ向きのものだ。食糧騒動者たちは遠い過去へ後戻りして、昔の〝正当価格〟嗅ぎ歩きはしない。彼等が固執するのは多くの場合最近の価格の方である[18]」。騒擾参加者たちは（それを）守るために攻撃的なのだ、とギルモアは言う。

トムスンのモーラル・エコノミー論に対する批判の中には、わざとらしく見えるものもあるが、騒動勢の動機が一六、七世紀の伝統的観念から来ているという筋書きには、問題があると思われる。

4　食糧騒擾の位置と拡がり

ジョン・ボーステッドは多くの論著[19]の中で、食糧騒擾の発生地と拡大の問題に焦点をあてている。これらの研究はしばしばしば、モーラル・エコノミーがそれほど普遍的なものなら、騒擾がある地域にだけしばしば起こり、他では稀にしか、または全然起こらないのは何故か、というモーラル・エコノミー理論に対する暗黙の批判を含んでいる。

一八世紀末のデボン州の食糧騒擾についての研究で、ボーステッドとウィリアムスはこう指摘する。「これらの町の多分最も大事な際立った特徴はマーケットとして、より一般的には社会経済的交流のネットワークの結節点としての機能である。このようなマーケット機能と騒動発生の間には密接な関係がある。デボン州の三〇の大きなマーケット・タウンのうち二一（七〇％）は、一七九五年と一八〇一年に食糧騒動を起こした。この二つの危機の年に起こった四二の食糧騒動のうち、三五（八三％）がこれらマーケット・タウンで起きたものである」[20]。マーケット・タウンからの穀物の輸出や移動が、払底の時期には騒動を「挑発しやすい」[21]のだと言う。

食糧騒擾の拡大については、ボーステッドとウィリアムスはこう論ずる。「不穏状況もまたコミュニティから他のコミュニティへ、なじみのネックワークに沿って伝播した。最も重要なのは、一七九〇年代に騒動と革命後のフランスからの侵攻に備える郷土防衛として、志願兵の地方補助義勇軍が組織されたことである」[22]。（デボン州の研究に基づく）ボーステッドとウィリアムスの指摘でもう一つ興味深いのは、騒擾の起こる町がふつう相対的に安定で比較的（全国平均より）成長が遅いことである。安定性が慣習やネットワークを持続させているからである[23]。

食糧騒擾を起こしがちなもう一つの地域は鉱山地帯である[24]。坑夫は特に高値や欠乏に弱いからである。織物工や水夫のような組織的な職業集団の地域もまた、騒擾伝播のアクティブなチャンネルであった[25]。歴史家たちはよく、頻繁に食糧騒擾に関わるのは農業労働者ではなく工業労働者だという事実を挙げる。「工業労働者は農業労務者ほど抑圧を受けていない。彼らの仕事は闘争力を育む。共同の団結感を持つ既成集団である上、物価急騰の時、殊に失業と重なる時に被害を被りやすいが、分散状態にある労務者より抵抗し易い位置にあるから[26]」とギルモアは言う。

ある地域が相対的に食糧騒擾が少ないことは興味深い。ヨーロッパ最大の都市であったロンドンでは、価格高騰期にさえ食糧騒擾がほとんど無かった。またイングランドの北部では南部より食糧騒擾が少ない[27]。これらの地域では何故そのように少ないのかを調べていけば、食糧騒擾の原因につきもっと多くを知ることができよう。

5　価格と食糧騒擾

ジョン・スティブンソンは価格変動と食糧騒擾の関係の複雑さについて述べている。それはしばしば収穫の直前・直後に起こる。収穫後の食糧騒擾は大抵、安い穀物が市場にまだ出回らないうちに起こる。しかし一般に状況はもっと複雑である。例えばある騒擾は値上がりの噂で引き起こされ、個々の地方的な環境や諸般の転機に多く依存していた[28]。歴史家たちは、食糧騒擾が最高価格の時に起こるとは限らぬことにも気づいている。ジョン・デェヴィスは、(生活条件の)恒常的改善のあと急に状況が悪化した時、よく食糧騒擾が起こることを示した[29]。時として歴史家たちが、食糧騒擾を「防禦の為の攻勢」と分類する理由がここにある。さらに〝相対的剝奪〟(relative deprivation)なる概念があって、騒擾は実際の剝奪・喪失よりも差別待遇されていると考えることに影響されて起こると示唆する。

しかしながら一八世紀のイギリス食糧騒擾の場合、騒擾勃発と穀物価格高騰の間には明らかな相関がある。トムスンが強調するように、「これは常にこころに留めておくべき事である。金持ちたちにはほとんど問題にならぬパンの値上がりが、中間層には不便で就業労働者にとっては苦労だが、貧民にとっては生死にかかわる脅威なのである[30]」。

6　女性と食糧騒擾

他の種類の騒擾では一般に男だけが関わるが、食糧騒擾にはしばしば女性が参加する。家族の買物・料理をするのは女性の役だったから、価格変動への不安・不満を最も鋭敏に感ずるのも彼女たちなのだと、スティブンソンは示唆する。[31]

しかしジョン・ボーステッドは、女性が食糧騒擾で特に抜きん出た役をしたと言うのは誇張だという。彼はイングランドとウェールスの一七九〇～一八一〇年の食糧騒擾の研究から、新聞と地方治安判事のリポートに基づいて、女性が男子以上に行動的という証拠は何ら見つからぬと言う。前工業期コミュニティの女性は騒擾の扇動者としてではなく、「家計維持において本質的に同伴者だった」[32]と同様、男性の集団行動に「実質的に同伴者」として加わったのだ、とボーステッドは主張する。「前工業期の」社会では男と女の役割は、「後で成熟工業期に生じて来るよりずっと差が少なかった」[33]ろうと彼は考える。当時は女性が家族の「買物係」という役割分担は無く、パンの高値には男女両性が等しい関心を持ち、その役割が「殆ど区別しがたい」「同等者」[34]として騒擾に参加したのだ、とボーステッドは主張する。

トムスンはボーステッドの論文に対する得心のいく回答をし、食糧騒擾における女性の役割が誇張されたことは無いと宣言する。そして「当時も男女の役割は異なっており、異なる同士の相互依存で生きる双方が家計維持で協力していた」[35]と主張した。ボーステッドは統計的証拠に基づいているると称し、騒擾史家が逸話に依存し過ぎていると主張するが、食糧騒擾での女性の役割について強い結論を出すのに頼りにならぬ史料に依存する罪を犯しているのは、彼自身だとトムソンはいう。[36]史料はしばしば騒擾参加者を「男たち」あるいは「一群の女たち」と記述するが、ふつう騒擾は流動的に急変する現象であることを考慮すると、その種の記述が極めて正確とは言えそうにないと、トムスンは指摘する。実際ボーステッドが分析に用いた史料は、徹底しているとは言えないものであった。

7　食糧騒擾の幾つかの一般的特徴

ジョン・スティブンソンは彼の著書『Popular Disturbance in England 1700-1870』の中で、幾つかの有用な指摘を行った。一八世紀のイギリス食糧騒擾は普通、次の行動の幾つかまたは全部を含んでいると言う[37]のである。

①　穀物の差押さえや「正当価格」での小売。
②　穀物の移送阻止。
③　値下げ要求の集会。
④　仲買（製粉業者・商店・倉庫）への襲撃。
⑤　食糧の棄損。

しばしば食糧騒擾は価格固定の慣習や儀式的要素、高い規律や節度によって特徴付けられていた。そこに見られる高度の企画性・組織性に、研究者たちは強い感銘を受けたものである。もちろん食糧騒擾の性格は、いつ何処で起こったかで変わる。そしてナポレオン戦争のあと食糧騒擾は実質上消え、争いはより明白に政治的な形をとるものに変わっていった。

8　おわりに

望むらくはこの短い報告が、一八世紀イギリス食糧騒擾の研究をめぐる合意・不合意の諸点を紹介するのに役立てば幸いである。

近年の研究はこの期の食糧騒擾の複雑さ、したたかさを重視してきた。けれども多くの重要な問題が一層解明されるように残されている。経済的要因はこれらの騒擾にどのように影響したか、この種の騒擾がなぜ一九世紀には消えていったのか、食糧騒擾はその目的において防衛的なものだったのだろうか。

近年の地域研究はこの種の騒擾に大きな多様性が在ることを示している。しかも群衆（crowd）・暴動（riot）・貧民（poor）のような用語の不十分さは、食糧騒擾の理解を妨げている。そして終局的には史料に課せられた限界が、一八世紀イギリス食糧騒擾についての正確な見解を持て得ずにいるかも知れない。食糧騒擾に係わる民衆の動機を、歴史家は多分もっと注意深く考察すべきなのであろう。

註

（1）W. W. Rostow,"The British Economy in the Nineteenth Century", Oxford, 1948, pp.122-5.

（2）邦訳がある。前川貞次郎・野口名隆・服部春彦訳『フランス革命における群衆』ミネルバ書房、一九六三年
（3）邦訳がある。青木保編訳『反抗の原初形態』中央公論一九七一年
（4）E. P. Thompson, "The Moral Economy of the Eng1ish Crowd in the Eighteenth Century", reprinted in "Customs in Common", London,1991, pl88.
（5）ibid., pl88
（6）"Customs in Common", p260.
（7）E. P. Thompson, "The Moral Economy of the Eng1ish Crowd in the Eighteenth Century", pp 200-223.
（8）"Customs in Common", p300.
（9）"The Moral Economy of the English Crowd in the Eighteenth Century", p233.
（10）"Customs in Common", p266.
（11）ibid., p297.
（12）ibid., p298.
（13）D. E. Williams, " Morals,Markets and the English Crowd in 1766", "Past and Present", 104(1984), p57.
（14）J. Stevenson, "Popular Disturbance in England 1700-1870", London, 1979, p311.
（15）D. E. Williams,op. cit., p58.
（16）ibid., p70.
（17）A. Charlesworth and A. Randall, a Comment ; Morals, Markets and the English Crowd in 1766, "Past and Present", 114(1987), p202.
（18）I. Gilmore, "Riot, Rising and Revolution in Eighteenth Century England", London,1992, p229-230.

(19) J. Bohstedt, "Riots and Community Politics in England and Wales 1790-1810", Cambridge, Mass.,1983. "Gender, Household and Community Politics: Women in English Riots 1790-1810", "Past and Present", 120(1988).

(20) J. Bohstedt and D. E. Williams, "The Diffusion of Riots: The Pattern of 1776, 1795 and 1801 in Devonshire", "Journal of Interdisciplinary History",Vol19 , No 1, 1988, pl3.

(21) ibid., pl4.

(22) ibid., pl7.

(23) ibid., p22.

(24) J. Stevenson, op. cit., p99.

(25) J. Bohstedt and D. E. Williams, op. cit., pl9.

(26) I. Gilmore, op. cit., p232.

(27) J. Stevenson, op. cit., p99-100.

(28) ibid., pl06-108.

(29) John Davis, His theory described by M. Bryan "The Social Psychology of Riot Participa tion", PhD Thesis John Hopkin University,1975, p52.

(30) E. P. Thompson, "Customs in Common", p285.

(31) J. Stevenson, op. cit., p101.

(32) J. Bohstedt, "Gender, Household and Community Politics: Women in English Riots 1790-1810", pp94-95.

(33) ibid., p95.

(34) ibid., p97. *

(35) E. P. Thompson, "Customs in Common", p321.

（36）ibid., pp307-308.

（37）J. Stevenson,op.cit.,chapter 5- "food riot in England", pp91-112.

参考文献（註にあるものは略す）

Booth A., "Food Riot in the North lest of England 1790-1801, "Past and Present" No 77, 1977.

Char les worth A.（編）"An Atlas of Rural Protest in Britain 1548-1900" , London, 1983.

Popkin, S., "The Rational Peasant", Berkeley, 1978.

Rose R. B., "Eighteenth century Price Riot and Public Policy in England", "International Review of Social HistoryJ", Vol,16,1961.

Rude G., "The Crowd in HistoryV, New York", 1964.

邦訳は古賀秀男・志垣嘉夫・西嶋幸右訳『歴史における群衆』法律文化社、一九八二年

Scott J.,"Moral Economy of the Peasant", New Haven, 1976.

Stevenson J. and Quinault R.（編）"Popular Protest and Public Order", London, 1974.

Thompson E. P.,"The Making of the Engish forking Class", London,1968. "The Moral Economy of the English Crowd in the Eighteenth Century"の原載は"Past and Present", No 50,1971.

E・P・トムスンの紹介については、近藤和彦「民衆・運動・生活・意識」『思想』六三〇号（一九七六年）、トムスン著・近藤訳「一七九〇年以前のイギリスにおける社会運動」『思想』六六三号（一九七九年）などに詳しい。なお関連論文として、近藤和彦「一七五六〜一七五七年の騒擾について（上・下）」『思想』六五四・六五五号（一九七八ー七九年）がある。

Wahrman Dror, "National Society, Communal Cuiture:an argument about the recent historio-graphy of eighteenth-century Britain" ,"Social History",Vol17 ,No 1.,1992.
Wells R.,"The revolt of the south-west 1800-1801:a study in English popular protest" , "Social History", Vol.16, 1977.
Williams D. E., "Were Hunger Rioters really Hungry?" ,"Past and Present" , No.71,1976.

＊この論考は、一九九〇年代前期の米騒動研究会のレジュメに加筆したものである。本論集Ⅲの一一二頁の記述には、このスロス報告に学んだ部分がある。

横浜事件とNPO「細川嘉六ふるさと研究会」の〝新解釈〟

村上　邦夫

はじめに

横浜事件の犠牲者が終戦直後、執行猶予つきの懲役刑判決ののちに釈放されてから七五年を迎えた。戦前の権力犯罪であったこの事件は、戦後、真相が粘り強く追求されてきた[1]。この間に刊行された関連書籍と文献だけでも数十点にのぼるのではないかと思われる[2]。

こうしたなかで小論は、事件の犠牲者がまとめた刊行本を含む関連書籍と岩波書店の『日本史年表』などを手掛かりに、横浜事件全体のとらえ方と、細川嘉六の地元の富山を中心に活動するNPO団体の見解などを検討し、事件の全容把握と事件認識を論ずるものである。

1　横浜事件に関連する事項

一般に横浜事件というと、何年かにわたって権力側の執拗な事件捏造が行われ、取り調べ段階での拷問とその結果として獄死者まで出した国家犯罪と理解されている。そこで、この事件の主な事柄を――獄死あるいは獄死に等しい病死を含め――時系列で追うと次のようになる。尚、小論で論じる際に特に必要な事柄にはアルファベットを付した。

(a)1942年7月5~6日　富山県泊町(現・朝日町)で宴会。その旅館の庭で記念写真が撮られた(d)泊事件の〝証拠写真〟とされる)
(b)同　9月11日　川田寿夫妻を検挙(米国共産党員事件)
(c)同　9月14日　細川嘉六を検挙(改造論文事件)
1943年1月21日　川田茂一、木佐森吉太郎、高橋善雄(世界経済調査会)ら7名を川田寿の線から検挙(「米国共産党員事件」関連)
同　5月11日　平館利雄(満鉄調査部)、西沢富夫(同左)ら5名を高橋の線から、「ソ連事情調査会事件」として検挙
(d)同　5月26日　泊旅館の写真メンバーの残る5名を一斉検挙(泊事件)
同　7月11日　新井義夫を検挙、31日浅石晴世を検挙
同　9月9日　高木健次郎ら14名を翌年2月にかけて検挙(政治経済研究会事件)
同　9月20日　田中政雄を検挙、翌月広瀬・大月を検挙(愛国政治同志会事件)
(e)1944年1月29日　当日の9名、それ以後の編集者の大量検挙(横浜事件)
同　3月12日　内田丈夫、大森直道を検挙

同　5月4日　田中政雄（愛国政治同志会）獄死
同　5月23日　高橋善雄獄死
同　6月30日　酒井寅吉（朝日新聞社）検挙
(f)同　7月10日　『中央公論』『改造』の廃刊命令
同　10月4日　那珂孝平（同人『五月』）を検挙、21日桜井武雄を検挙
同　11月13日　浅石晴世獄死
同　11月27日　藤川覚、美作太郎、彦坂竹男、松本正雄を検挙
1945年2月7日　和田喜太郎獄死
同　4月10日　鈴木三重吉、渡辺潔を検挙
同　5月9日　小林勇を検挙
(g)同　7〜9月　川田寿、小林・青山、益田・畑中、木村・小野・平館に懲役2年・執行猶予3年（川田夫人には懲役1年・執行猶予3年）の不当判決
同　7月27日　西尾忠四郎、保釈直後病死
(h)同　9月4日夕刻　木村・平館・益田・畑中・小森田・沢・青木・加藤・西沢の9名出獄〝釈放〟
(i)1949年2月25日　神奈川県特高：松下警部、柄沢警部補、森川警部補に有罪判決（3人は控訴、上告したが、昭和27年4月24日上告棄却により有罪確定）

以上の関連事項をもとにして、小論をすすめることにする。

2　岩波『日本史年表』における横浜事件の全体把握と起点

一般に歴史事項を取り扱う際に歴史年表を参照するが、それを岩波書店の『日本史年表』で確認してみる。戦後、歴史学研究会を編者とする岩波『日本史年表』が最初に発刊されたのは一九六六年七月のことである。この年の版を小論では便宜上、旧版[3]とよぶ。その後、研究の深化とともに改訂の必要を迫られ、一九八四年に改訂版が刊行された。この改訂版を小論では新版[4]とする。

（1）岩波『日本史年表』旧版が記す横浜事件

旧版での横浜事件とそれに関連する事項は、年表の社会・文化欄で示される次の三項目である。

一九四二年九月一二日、細川嘉六の論文掲載の『改造』（八、九月号）発禁、筆者検挙

一九四四年一月二九日、『中央公論』・『改造』等の編集者検挙（横浜事件）

一九四四年七月一〇日、『中央公論』・『改造』に廃刊命令

（2）改訂された岩波『日本史年表』

現在市販され使われているのは、岩波『日本史年表』新版である。新版において改訂された箇所

をゴシック体に、追加された記述に傍線を施すと次のようになる。尚、雑誌名の二重カギ括弧及び削除された記述については除く。

一九四二年九月一四日、細川嘉六、『改造』掲載論文を追及され検挙
一九四三年五月二六日、中央公論社員ら、細川嘉六との架空の共産党再建容疑で神奈川県特高課に検挙（泊事件）
一九四四年一月二九日、『中央公論』、『改造』等の編集者検挙（以後、他社に波及、横浜事件）
一九四四年七月一〇日、『中央公論』、『改造』に廃刊命令

(3) 岩波『日本史年表』から受け取る横浜事件の〝理解〟と〝認識〟

(一)戦争末期、政権末期の捏造事件という〝理解〟と〝認識〟

旧版及び新版ともに、横浜事件とは一九四四年一月二九日の事件だとする。そうすると、戦争末期、敗戦一年半前にはじめて発生した事件であるかのような誤解が生じる。つまり、敗戦の色が濃くなり宮中グループなどが〝和平工作〟に奔走し、事件の翌月の一九四四年二月には近衛上奏が出され、東条内閣への倒閣運動が動き始める直前である。日本軍の戦況といえば、〝玉砕〟や〝転進〟を強いられており、こうした軍事政権末期の権力が神奈川県特高を中心にして捏造したものが横浜事件だと受け取られる。しかし、こうした理解は正確な事件認識に繋がるとはいえないのではない

だろうか。

(二)泊事件から横浜事件へ

さらに言うならば、横浜事件が起きる八カ月も前の一九四三年五月二六日に〈泊事件〉が発生していたという理解になる。つまり時系列でいうと、先に〈泊事件〉が起きて、続いて横浜事件が発生したと受け取ることになる。

(三)『改造』事件論文から泊事件へ、そして横浜事件へ

また、〈泊事件〉というと旅館の庭で写した集合写真が有名である。写真では、前列に若手の編集者と研究者の四人が並び、後列三人の真ん中に細川嘉六が立ち、いかにもリーダーの風格がある。論壇における当時の細川の立ち位置から、事件の〝発端〟を細川検挙一九四二年九月一四日の「改造論文事件」とし、それが翌年一九四三年五月の〈泊事件〉に拡大し、最後の総決算として一九四四年一月の横浜事件に繋がった事件だという推測さえ可能となる。

年表を鵜呑みにすればという仮定であるが、時系列だけにとらわれるとこうした誤った認識に繋がることもあるので、横浜事件の場合も犠牲者をはじめ、関係者の著書を直接、読み込むことが重要であることがわかる。

（4）横浜事件の全体把握

横浜事件は権力側によって起こされた。この事件を把握するとき、一般にアジア・太平洋戦争二年目の一九四二（昭和一七）年にはじまったとされる。また、この事件は終戦の年まで続いた事件とみなされる場合もある。それらを例示すると次の通りである。

(1)「（細川氏は）一九四二年にはいわゆる『横浜事件』で逮捕され、……」（志賀義雄葬儀委員長『故細川嘉六葬儀の記録』一九六二年、八頁）

(2)「横浜事件　一九四二年『改造』……論文を『共産主義の宣伝』とみなして神奈川県特高警察が細川嘉六を検挙」（佐々木隆爾編『昭和史の事典』東京堂出版、一九九五年、一五五頁）

(3)「横浜事件は、アジア・太平洋戦争中の一九四二年九月、神奈川県の特高警察により治安維持法を発動して引き起こされた事件です。敗戦によって日本の国家機関が崩壊した四五年九月までの満三年間、次から次と被疑者が検挙され、……その総数は氏名未確認の人を加えると九〇名にも及ぶことがわかっています」（横浜事件・再審裁判＝記録／資料刊行会編『ドキュメント横浜事件――戦時下最大の思想・出版弾圧事件を原資料で読む』高文研、二〇一一年、一頁）

(4)「横浜事件とは一九四二年から四五年にかけて、当時の言論人細川嘉六や氏と親交のあった……メンバーら六十余名が、それぞれの社会活動を通じて『コミンテルン及び日本共産党の目的遂行の為にする行為をなした』とする架空の嫌疑で、『治安維持法違反』の名の下に特高官憲によって……」（大川久明、横浜事件第三次再審請求弁護団編『資料集成　横浜事件と再審裁判――治安維持法と

の終わりなき闘い』インパクト出版会、二〇一五年、一二頁）

（5）事件の起点・経過

次に、横浜事件の起点を特定することは全体把握をより正確にするうえで重要である。その場合、論者によっては起点を、〝発端〟〝端緒〟、あるいは〝きっかけ〟と示すことがある。ここでは、1であげた(a)〜(i)の九項目を使って検討する。その際、引用文における〝発端〟〝端緒〟、あるいは〝きっかけ〟をゴシック体で示す場合がある。

(1)(b)の川田寿夫妻が検挙された「米国共産党員事件」を事件の起点＝〝発端〟〝端緒〟とする論者をあげると、まず戦後、横浜事件を最初に単行本にして世に問うた次の①であり、その指摘は二一世紀に入ってからも③④の場合のように継承されている。

①美作太郎・藤田親昌・渡辺潔『言論の敗北――横浜事件の真実』（三一書房、一九五九年）

「……アメリカに留学して（いた）川田寿と定子夫人が乗船していたのであるが、……一九四二年九月一一日、神奈川県特高警察によって検挙された。……これが横浜事件のそもそもの**発端**である」（九四頁）

②海老原光義・奥平康弘・畑中繁雄『横浜事件――原論弾圧の構図』（岩波ブックレット、一九八七年）

「事件の端緒となる事実は、アメリカ帰りの川田寿さんから始まりますが、川田夫妻が、ちょうど……」（四〇頁）

「この事件の場合には、いま述べたような経緯から川田さんを端緒としたということがあって……」（四一頁）

③荻野富士夫『横浜事件と治安維持法』（樹花舎、二〇〇六年）

「まず一九四二年九月の『米国共産党員事件』が発端で、ここから波及して四三年五月の『ソ連事情調査会事件』までいきます」（一六頁）

④横浜事件第三次再審請求弁護団編『横浜事件と再審裁判』（前掲）

「『横浜事件』といわれる一連の具体的事実と、その事実の真相を追及し意味を問い直すため被害者らをはじめ多くの方々が関わり営々と続けられている作業の歴史は長い。その発端（一九四二年九月の川田寿・定子夫妻の逮捕）から現在までの間には、すでに七〇年を超える歳月が流れている」（一八八頁）

(2)こうして事件の起点＝〝発端〟〝端緒〟を定めることができれば、全体の経過が見えてくる。それを箇条書きすると次のようになる。

①事件の発端

(b)一九四二年九月一一日：川田寿夫妻が検挙された「米国共産党員事件」

②事件の発火点[5]

(d)一九四三年五月二六日：泊料亭の写真メンバーの一斉検挙（泊事件）

③事件のクライマックス[6]

(e)一九四四年一月二九日：当日及びそれ以後の編集者の大量検挙（横浜事件）

④(ア)事件の権力側の結末[7]

(f)一九四四年七月：『中央公論』『改造』の廃刊命令

(イ)事件の犠牲者側の結末

(i)一九四九年二月二五日：神奈川県特高：松下警部、柄沢警部補、森川警部補に有罪判決（三人は控訴、上告したが、昭和二七年四月二四日上告棄却により有罪確定）

(3)横浜事件の起点＝〝発端〟〝端緒〟を、細川が一九四二年九月一四日に検挙された(c)「改造論文事件」と指摘する見解もある。

①「……雑誌『改造』の八月号に論文『世界史の動向と日本』を発表され、この反響に驚いた支配階級は先生を逮捕し（泊事件）、さらにこれがきっかけとなりまして『横浜事件』とよぶ弾圧事件に発展いたしました」（本田良介「細川先生経歴」『故細川嘉六葬儀の記録』三頁）。ここでは、一九四二年九月一四日の細川検挙を〈泊事件〉とみなし、この〈泊事件〉が横浜事件の**きっかけ＝端緒**であったと理解している。[8]

②「一九四二年九月、細川嘉六の論文『世界史の動向と日本』（『改造』所載）の取り調べに始まる横浜の神奈川特高課を中心とした言論弾圧事件。厳しい取調べで出版関係者に多くの犠牲者が出て、『中央公論』『改造』を廃刊させた。戦後の再審で無実が明らかになった」（全国歴史教育研究協議会編『新課程用　日本史B 用語集』山川出版社、二〇〇四年、第一版第一刷での横浜事件の用語解説、三四一頁）

③「一九四二年細川嘉六（一八八八～一九六二年）が雑誌『改造』の掲載論文を『共産党の宣伝』と批判され、……逮捕された。その後、……出版関係者ら六〇人以上を投獄。拷問で四人獄死、三〇人余りが起訴される戦時下最大の言論弾圧事件となった」（「東京新聞〈社会〉」二〇一七年四月一二日夕刊）

(4)以上の見解からいえることは、横浜事件が一九四二年から始まった、あるいは一九四二年に起きたといった場合、(b)か(c)を事件の起点に据えて論じていることである。ところがこれと全く異なる〝新解釈〟を近年唱えるのがＮＰＯ「細川嘉六ふるさと研究会」（以下、ＮＰＯと略記）である。ＮＰＯは、(a)の一九四二年七月五～六日、富山県泊町の旅館で記念写真が撮影された日を泊事件あるいは横浜事件とみる。これを次節で検討することにする。

3　NPO「細川嘉六ふるさと研究会」の〝新解釈〟

冒頭に述べたように横浜事件に関する書籍は今日、少なくない。何冊か手に取れば判明する史実も多い。ところが、先に指摘した事件の起点、経過という点では必ずしも明瞭でなかった場合がある。その結果、どのような事態が生じたかを、細川嘉六の出身地を中心に活動するNPOの見解や、その記者会見の地元報道などからみておきたい。その際、新聞記事などを引用するとき、必要に応じて〝新解釈〟の箇所に傍線を付す。

（1）横浜事件は一九四二年七月五日に起きたとするNPOの〝新解釈〟

北陸富山の「北日本新聞」[9]二〇一九年三月二七日付けは、NPOが前日に行った記者会見を取材した記事で、「開戦前に反戦の世論報告『泊・横浜事件』の細川嘉六」の見出しのうえ、次のように伝えた。[10]「研究会は今後、さらに資料を読み込むことで泊・横浜事件や米騒動を改めて検証し、事件発生から七七年目に当たる七月五日に概要を発表するとしている。一二月二日の細川の命日に合わせて評伝も出版する予定」[11]。

同じ会見を取材した「毎日新聞」では、二〇一九年五月二〇日付け福井と記して北陸地方ページ[12]に載せている。「細川嘉六の証言原稿　一〇〇〇枚発見、貴重な史料／福井」の見出しのうえで、「事件から七七年目にあたる七月五日、紋左で公開し、今年末までに評伝として出版も予定している」。

（2）ＮＰＯ発足時の説明とその後

㈠事件の全体把握と一九四二年

二〇一二年に富山県で結成されたＮＰＯ「細川嘉六ふるさと研究会」が刊行した著書『泊・横浜事件七〇年――端緒の地から　あらためて問う』（以下では「七〇年」と略記）では研究会発足の経過にふれ、次のように記している。「さて、今年二〇一二年はこの事件が起きて七〇年の大きな節目の年にあたる[13]」。あるいはまた、「筆者らはこの度、『泊・横浜事件』から七〇年の節目にあたり、この事件を再検証するとともに泊町をふるさととする細川嘉六の思想を顕彰する『細川嘉六ふるさと研究会』を発足させることにした[14]」というように発足の二〇一二年時点では、事件は七〇年前の一九四二年に起きたという全体把握であった面がある。それは二〇一八年七月に開かれた「細川嘉六ふるさと研究会学習会　米騒動、泊・横浜事件そして、共謀罪！」で配られたプリント[15]でも確認できる。

つまり、二〇一八年頃までのＮＰＯは、横浜事件を、上述2（4）のような事件の全体的把握とほぼ同様にとらえていたように見え、あからさまに一九四二年七月五日に起きた事件と断言するスタンスではなかったと思われる。

しかし、〝隠すより現わる〟とでもいうものか、ＮＰＯの横浜事件に対する認識は最初から歪んでいた。それは「七〇年」の冒頭に「一九四二年、海に面した小さな町で一つの事件が起きた」とあり、二〇一九年一二月刊の『評伝　細川嘉六――スモモの花咲くころに』の「刊行にあたって」でも、「太平洋戦争下の一九四二年、泊で一つの事件が起きた」と、事件の発生が泊であったと指定していることからわかる。その事件とは、富山県泊町の旅館での小宴会とそこで撮った記念写真のことであり、一九四二年七月五日のことであった。

(二)権力が捏造した「七月五日」を事件発生と見なしたNPO

新聞報道などで今日確認できることは、NPOが二〇一七年及び二〇一八年のそれぞれ七月五日に、横浜事件あるいは泊事件に関する集まり・企画を催していたことである。たとえば「中日新聞・富山」二〇一七年六月二一日付けは、「『共謀罪』法　危険性知ろう　横浜事件発端の地から警鐘」の見出しをつけ、横浜事件と共謀罪について考える集いが来月五日、朝日町の旅館「紋左」で開催が予定されていると伝えている。また二〇一八年は、(一)で紹介した学習会が七月五日に開かれている。[16]

それ以前の二〇一二年から二〇一六年までの七月五日に何らかの企画が催されたか否かは不明だが、NPO自身の七月五日企画をクローズアップさせる意図から、七月五日こそ横浜事件、泊事件の発生日だとアピールしたのだろうか。NPO部外者にとって詳細はわからない。これは当のNPOが説明するべき事柄である。

（3）ＮＰＯによる横浜事件の〝新解釈〟は、権力側の視点

では、横浜事件を捏造した国家権力は何をもって事件としたのだろうか。関係者にはよく知られていることだが、一九四四年一二月二九日に横浜地方裁判所予審判事石川勲蔵名の細川嘉六・相川博予審集結決定――本決定の裏付けのために後述する「相川手記」が作成された――を見てみよう(17)。「右両名に対する治安維持法違反被告事件に付予審を遂け決定すること左の如し　主文　本件を横浜地方裁判所の公判に付す」として、長文の「理由」が述べられている。そのなかで相川が、雑誌「中央公論」や「改造」の編集者と日刊工業新聞記者らの共産主義者を細川の下に結集した「細川グループ」と「満鉄」東京支社調査室に勤務する共産主義者の「満鉄グループ」の「合体の機運熟するや昭和十七年七月五日被告人細川嘉六は……自己の郷里富山県下新川郡泊町「紋左旅館」……同町料亭「三笑桜《ママ》」……に招請して会合を開き、被告人細川嘉六が中心となり当面の客観情勢に対処すべき方策に付鳩首協議したる席上……革命の主体的条件たる日本共産党（略称「党」）の衰微弱体化せるを急速に復興再建せしむる為の運動の展開こそ焦眉の急務なるを以て該運動の指導体として所謂「党再建準備会」なる秘密「グループ」を結成し之を速に拡大強化して同「党」の中心勢力たらしむべきことを提唱し……」と認定され、治安維持法違反の日本共産「党再建準備会」事件として捏造されたのである。ＮＰＯはこうした事件の捏造をいわば承認して結成されたことになるのだろうか。

ただ、ＮＰＯの事件に対する認識過程はどうであれ、戦後、犠牲者及び関係者が特高の捏造事件

の真相究明を求めるとともに、何次もの再審請求訴訟を闘ってきた横浜事件を弾圧者側に立って事件認定することなどあってはなるまい。犠牲者及び関係者に対する背信であることはもちろん、史実の究明という点でも大きな誤りである。

横浜事件とは一九四二年七月五日に起きた事件だとするNPOの〝新解釈〟は、二〇一九年三月の記者会見とその報道で明白になった。この報道は細川嘉六の郷里の富山県一県にとどまらず、北陸三県の新聞紙上に載り、現在もインターネット上で全国に拡散されている。したがってNPOの〝新解釈〟は二年近く、一般社会に出回っている。はなはだ憂慮すべき事態である。なぜなら、細川らを弾圧した特高側が捏造し〝発火点〟になった事件こそ、富山県泊町で開かれた一九四二年七月五日であり、特高は、この日を、「細川嘉六を中心とする党再建準備会」[18]といつわったのである。一九四二年七月五日を〝泊事件〟としたのは権力側[19]である。

（4）一九四二年七月五日〝泊事件〟＝〝党再建準備会〟を「白状」させるために繰り返された拷問の産物——相川手記

特高は一九四二年七月五日の〝党再建準備会〟事件を認めさせるために、細川『改造』論文を担当した編集者の相川博を最初に集中的に攻撃した。戦後、拷問をはたらいた神奈川特高を特別公務員暴行傷害罪で告発した際の相川本人が書いた口術書[20]は次のようなものである。

「昭和一八年五月二六日午後二時より四時ごろまで。検挙当日の午後、私は取調室に呼び出され、コンクリートの土間に正座せしめられ、……『貴様は日本共産党再建運動をやったな、泊へ何しに行ったか言え。貴様は殺してしまうんだ。神奈川特高は警視庁とはちがうぞ。貴様のようなやせこけたインテリは何人も殺しているのだ』とどなり、……私は一言も発せず、〝彼〟らの為すがままにまかせた」

「六月一〇日頃、森川、平畑、杉田、斉藤外四名、合計八名がずらりと居並び、直ちに私の両手を後手に縛り上げ、『さあ共産党の組織を言え。細川がスターリンで貴様が秘書か。下部組織を言え。コミンテルンとの連絡はどうした？　泊で共産党再建の会議を開いたろう』とどなり、『改造編集部で日本共産党再建の相談をしたこと、改造昭和一七年八月号、九月号の細川論文は共産主義論文であり、その他にも共産主義論文多し』という意味の調書を作って引き上げた。……私は鶴見署にいる間中、顔は腫れ上がり、腿は青にじみになり、歩行困難なほどであった。私は彼らの暴行のため、絶えざる頭痛と心臓病のため拘置所に移った後も殆んど睡眠もできない約半年間を送った」

その結果、昭和一九年五月六日付けで相川が、横浜地方裁判所検事局の山根隆二検事に提出したものが相川手記(21)である。

(5) 一九四二年七月二五日〝党再建準備会事件〟は権力による捏造事件

先の相川手記は、特高による拷問と虚偽の自白強要が一体どこまで虚構を膨張させるものか、その一端が鮮明にわかる文書である。同様に、平館(22)、木村らを拷問で締め上げ、相川の〝証言〟を裏付けるために虚偽の自白をさせ、やはり手記を書かせた。これが、一九四二年七月五日に開かれたと特高が認定した「党再建準備会事件」である。したがって横浜事件が一九四二年七月五日に起きたとするのは、特高の拷問による虚偽自白で捏造された事件を承認するものである。

戦後、拷問をはたらいた神奈川特高を特別公務員暴行傷害罪で告発した一人の木村亨(23)は、昭和一九年五月独房暮らしをはじめて間もなく、雑役を通じて渡された細川嘉六からの激励伝言に応じて次のように返答した。「俺たちは残念にも、特高の拷問に敗けてデッチ上げを許してしまってもうしわけない(24)」と。

つまり、特高など国家権力によってデッチ上げられた「昭和一七年七月五日」に事件が始まったとは断じて認めるわけにいかないのである。それゆえ、「党再建準備会」という捏造の非道を告発し、今日まで数次の国家損害賠償訴訟が闘われていることは、横浜事件の関係者はもちろん一般に広く知られるようになっている。

おわりに

小論の前半部で述べたように従来、横浜事件といった場合、「米国共産党員事件」での川田寿夫夫妻の検挙あるいは、「改造論文事件」での細川嘉六の検挙のいずれかを事件の端緒（同じ意味として発端、きっかけ）としてきた。それぞれ根拠をもつ見解である。

ところが、NPOの場合の「横浜事件」把握はそれらと全く異質である。権力が捏造した架空の話を事件の始まりにしたのがNPOである。これは絶対に認めるわけにはいかない。

すでにみたように今日のインターネット社会では、一端発信された見解が際限なく拡散される可能性がある。NPO「細川嘉六ふるさと研究会」の横浜事件に関する〝新解釈〟も例外ではない。事件の関係者にとどまらず、歴史に真実を求めようとする人々にとって、決して容認できない〝新解釈〟であり、早急に訂正されるべき事柄である。

註

（1）一九八六年に第一次再審請求訴訟が起こされてから二〇〇九年の第四次の請求事件の終結に至るまで、二三年の年月をかけている。そして今日も継続している。

（2）中村智子は、『横浜事件の人びと』（田畑書店、一九七九年）の巻末に約四〇点の文献リストを掲げている他、横浜事件・再審裁判＝記録／資料刊行会編『ドキュメント横浜事件――戦時下最大の思想・言論弾圧事件を原資料で読む』（高文研、二〇一一年）の巻末にも一八冊の主な参考図書をあげている。

（3）旧版は一九六六年から一九八三年まで発行されたと思われる。

（4）旧版が出回り、その間に「新しく編集し直した『日本史年表』の必要がしだいに痛感されるようになっ」て、第一回の日本史年表編集委員会が持たれたのは一九七九年三月二七日であったという。その後、五年間に六〇名の編集委員・執筆者の努力が結実して、一九八四年の改訂版が刊行になった。その序文は一九八四年三月と記している。

(5) 前掲、中村『横浜事件の人びと』四三頁、木村亨『横浜事件の真相――再審裁判へのたたかい』(笠原書店、一九八六年)一七七頁。

(6) 畑中繁雄『覚書 昭和出版弾圧小史』図書新聞社、一九六五年、二一六頁。

(7) 結末は、事件の終息を意味するものではない。一九八〇年代以降提起され、今日も継続して闘われている再審請求訴訟により、司法が犠牲者たちを免訴にではなく、無罪を判示してこそ横浜事件は終息するといえる。

(8) この当日の葬儀委員長を務めた志賀義雄の「哀悼のことば」では、「一九三三年には、『共産党シンパ事件』で二年の刑をうけられ、一九四二年にはいわゆる『横浜事件』で逮捕され、……」(八頁)とあり、当時の日本共産党の認識でも泊事件と横浜事件とが明確な区別がされていなかったと思われる。

(9) 富山市に本社をもつ地方紙である。

(10) この新聞記事には、「戦争に消極的であったとされる近衛文麿内閣」。あるいは、「反戦の意向だったとみられる近衛首相の側近から」細川が依頼され云々といったNPOのコメントが掲載されている。このコメントに対して昭和史を学ぶ者として強い違和感を抱いたため、翌月以降、地元の歴史愛好者で開催している学習講座・昭和史セミナーのテーマで取り上げもした。加えて筆者からの批判的見解をこの年の六月から翌二〇二〇年六月にかけてNPO関係者に送付した。それらは別に発表する予定である。

(11) 同記事の事件解説は次の通りである。泊・横浜事件:細川嘉六が一九四二年七月、泊町(現朝日町)の旅館・紋左に雑誌社の友人らを招待、その際に撮影した記念写真が共産党再建準備会議の証拠とされ、細川らが逮捕される泊事件が起きた。後に出版関係者ら六〇人以上が当時の神奈川県特高課に逮捕される横浜事件に発展する。過酷な取り調べにより四人が死亡、三〇人以上が起訴され、大半は終戦直後に有罪判決を受けた。拷問した警察官三人は戦後に有罪が確定した。

(12) 福井県、石川県及び富山県の三県の「毎日新聞」紙面に掲載される。
(13) 金澤敏子・阿部不二子・瀬谷實・向井嘉之『泊・横浜事件七〇年――端緒の地から あらためて問う』梧桐書院、二〇一二年、三頁（以下「七〇年」と略記）。
(14) 同右、四頁。
(15)「細川嘉六ふるさと研究会」とは、という解説欄で「『泊・横浜事件』から七〇年目にあたる二〇一二年、この事件を再検証するとともに、朝日町をふるさととする細川嘉六の思想を顕彰するために設立された市民団体」とある。
(16)「端緒の地」というのは、土地あるいは場所を指し、二〇〇八年五月に富山県朝日町紋左旅館の庭に建立された記念碑名である。また、この記念碑が建立される経緯や横浜事件の実相及び再審裁判等については同年八月に冊子『泊・横浜事件 端緒の地――事件の実相と闘いの経過』（悠山社書店）が発刊された。
(17) 笹下同志会編『増補復刻版 横浜事件資料集』（東京ルリユール、一九八六年、三九～四〇頁）。
(18)『特高月報』昭和一九年八月分「神奈川県に於ける左翼事件の取調状況」（明石博隆・松浦総三編『昭和特高弾圧史 2――知識人にたいする弾圧 下』太平出版社、一九七五年、二五六頁）。
(19)『改造』論文事件で検挙した細川をいくら訊問しても治安維持法違反に問えないため焦った特高の行状を戦後振り返って、木村亨は次のように書いている。「『世界史の動向と日本』という細川さんの論文を検挙の口実とした東京の特高は、三三回にわたる訊問にも拘わらず、治安維持法違反の事実を確かめることができないで、いよいよ細川さんは釈放か、と思われた。その矢先に、横浜で検挙された泊組の一人から出た一枚の記念写真を唯一の証拠品として『共産党再建準備会』なる架空の事件をでっちあげようとした横浜検察当局が、細川さんを東京から横浜へ移監して、その『泊会議』なるものを細川さんに承認させようとして用意したこじつけの『特別手記』だったのである」（木村、前掲『横浜事件の真相』七三～七四頁）。
（20）木村、前掲『横浜事件の真相』三一～三二頁。
（21）横浜事件再審裁判＝記録／資料刊行会編『ドキュメント横浜事件――戦時下最大の思想・言論弾圧事件を原資料で読む』高文研、二〇一一年、三七六～九〇頁。
（22）平館利雄の手記「……細川、相川の発意により、昭和一七年七月五日細川の郷里富山県下新川郡泊町旅館『紋左』並びに『三笑』で開かれた会合が、即ち、泊会議であります。……」は、前掲『ドキュメント横浜事件』三九六～四〇一頁。
（23）木村亨への取調べは、一九四三年五月二七日の昼過ぎに始まり、横浜山手警察署の二階にある特高の取調室に再び引き出された木村は、森川警部補に訊問された。「きさまのような共産主義者は殺してもかまわんのだ。さあ、きさまらが泊でやったことを正直に申し上げろ！　きさまらは泊で共産党の再建会議をやったろう！」（木村、前掲『横浜事件の真相』笠原書店、一二五頁）。五、六名の特高刑事が丸太棒七、八本の上に木村を土下座させながら、そのうちの「一名の刑事が、丸太棒の上に正座したぼくのひざの上へ飛び乗って、土足でごしごし踏んづけてきた」（同前、一二六頁）。木村は悲鳴をあげながらしかし、「共産主義の会なんかじゃない！」（同前）と否定しても、「この野郎！　トボケるな！　泊はりっぱな共産党の再建の会合じゃないか！　ようし、きさまがまだそんな寝言を言うのなら、こちらが言わせてやるから覚悟しろ！」（同前）と拷問が続き、意識を失い、「その場で伸びてしまった」のである（同前）。この拷問はその後六月も続き、「実にお恥ずかしい限りだが、そのあと何回も死ぬ思いにまで痛めつける彼らの拷問に、ぼくはとうとう無念にも泊旅行を党再建準備会とする、彼らの不法捏造を認めてしまったのである」（一二九頁）。
（24）治安維持法犠牲者国家賠償要求同盟富山県支部編『忘れてならぬ歴史――治安維持法と闘った人びと』

一九八七年、二五七頁。また、木村亨『横浜事件の真相　つくられた「泊会議」』(筑摩書房、一九八二年)の書名のサブタイトルが権力による事件捏造を端的に表している。木村は本書で、「いかにひどかった拷問のせいとはいえ、それほどのでっち上げを許してしまったぼくたちの弱さ、いくら責められても致し方のない敗北であり、誤りである」(八五頁)と痛恨の思いを吐露し、獄中にいる間に激励の伝言をくれた細川嘉六に対しても、「こんどの検挙で受けた無茶な拷問の事実と、特高の暴力によってでっち上げられた手記と調書はまったくぼくたちの敗北の所産で申しわけないというお詫びを述べ」るとともに、「これからの予審で拷問の事実を訴え、調書や手記を全面的に否認してひっくりかえすつもりであり、そのために泊へ旅した七名の者は一致して反撃の申し合わせをするから、今後の予審を見守って頂きたい」と紙片に記し伝えたのである(八六頁)。さらに権力側が日本の無条件降伏後、木村たちに妥協を求めてきた事実もあげている。それによると、「これまでぼくが繰り返し特高の暴行を非難し、事件がつくりごとにすぎないと、……予審調書もとらせないほど突っぱねていたのに対して石川予審判事は、八月二〇日すぎのある日、急にぼくを呼び出して、明らかに狼狽しながらこう言ったのを忘れない。「木村君、〝党再建〟のことは取り消すから、もうこのへんで妥協してくれないか」」(九八頁)と。これは、一九四二(昭和一七)年七月五の富山県泊町の〝党再建〟会議とは、権力が捏造したものであったことを予審判事自ら告白したものであった。

明治政府の対外膨張戦略の批判的検討

司馬遼太郎氏らの「朝鮮観」を手がかりに

村上　邦夫

はじめに　北陸の一地方の歴史同好会が明治期の日朝関係に向き合うまで

司馬遼太郎氏の近代史に対する見解には、すでに中塚明氏をはじめとして、〝司馬「史観」批判〟として優れた批判書が刊行されている。[1]その批判の論点からも多く学びつつ、今回こうした論考をまとめることにしたのは、次に述べるように、北陸の一地方での〝歴史同好会〟における二年ほど前の議論が契機となっている。最初にこの歴史同好会の経過にふれておきたい。

二〇一四年春、北陸は富山県の東端の一集落に住む初老の者たちが発起人となって、地元・入善《にゅうぜん》町にゆかりのある芥川賞作家・柏原兵三の文学と業績を研究する同好会が発足した。[2]柏原作品のなかに戦時中の学童疎開体験を描いた長編『長い道』があり、この作品も原作の一つとなって制作された映画『少年時代』（篠田正浩監督）の封切り四半世紀を記念して、二〇一五年の一一月に地元・入善町の公共施設で『少年時代』の上映会を開いた。そしてこの上映会を企画する過程で、地元ディレクターともいえる役割を担った元小学校教員と連絡がつき、彼が講師となって「映画・少年時代のロケ現場を語る」と題した講演会を開催した。これが二〇一五年六月二四日のことであり、現在まで継続している入善・朝日両町の住人を中心とした歴史同好会、「昭和史セミナー」の誕生であった。それ以降二〇二一年三月までの公開講座「昭和史セミナー」（以下、セミナーと略記）の開催は四三回を数える。[3]

映画『少年時代』の内容を受けて、二〇一六年は地元の元教育長を講師に「学童疎開・国民学校を語る」とした新春セミナーを開いたのを皮切りに、「富山大空襲」、「地元からの志願兵」、さらに「満蒙開拓団」をテーマに取り上げた。翌二〇一七年は前年の満蒙開拓団が終戦とともに悲惨な敗走を強いられたことに関心が集まり、一月セミナーの「昭和二〇年ソ連対日参戦を読む」に始まり、四月に「今、加藤陽子（著）『戦争まで』を読む」のほか、七月には日中戦争八〇周年検証セミナーと銘打った連続講座も開催した。[4]

続く二〇一八年のセミナーは、「横浜事件」、「二・二六事件」、「重巡洋艦『利根』とサ号作戦」、「重慶爆撃と富山連隊」のテーマをそれぞれ二回続きの企画で取り上げ、一一月の第二回「戦争展」の記念講演[5]には朝鮮史の研究者を招いた。[6] この講演会の参加者は朝鮮史にそれほど通じているわけではない町民二〇人ほどであったが、講演内容はもちろん、提示された資料もなかなか刺激的であった。

こうしたなかで、明治期以降の日朝関係に対する関心も生まれ、セミナーのテーマに取り上げることも多くなった。例えば二〇一九年一月は「朝鮮をねらった〝日清戦争〟」、五月は「百田尚樹『日本国紀』は面白い⁉」、二〇二〇年は二月に「『坂の上の雲』が描いた明治の〝栄光〟を論ず」、同一〇月に「植民地と韓国併合」としてである。こうした日朝関係を取り上げたセミナー例会で明治期の対外政策が議論となった。なかでも〃日清戦争はやむを得ない対外膨張戦略であった〃といった意見が出され、今日まで尾を引いているのが現状である。本稿はこうした意見に対する筆者なりの反論の形で展開することを最初にお断りしておきたい。

1　日清戦争に至る過程

(1)　朝鮮の農民戦争と日本の〝開戦外交〟

日清戦争とはどのような戦争であったのかと問われると、私どもの「昭和史セミナー」で次のような答えが返ってくることがある。

朝鮮南部を中心にした甲午農民戦争が勃発した際、それを自国で鎮圧できなかった朝鮮から依頼された宗主国・清国が出兵したが、それに対抗して日本も軍隊を出したところ両軍が衝突し開戦したと。このような理解は今日も一般的に残っているが、しかし、実際には日本側主導の武力干渉、したがって侵略戦争であったことが明らかになっている。その要点を次に示すことにする。

⑴東学と農民

一八八四年の甲申政変以降、朝鮮国内では政府による〝近代化政策〟が進められたものの(7)、支配層の土地所有制度の変革にまで至らないため、地方はますます疲弊していた。そうした農民たちの心情をとらえたのが、両班《やんばん》の崔済愚が一八六〇年に提唱した「東学」という民族宗教である。「東学」とは西学（キリスト教）に対する用語で、儒教・仏教・民間信仰を要素に〝人乃天〟と、人を天として敬い、〝天人合一〟である人の平等性を強調し、民衆の支持を集めた。崔済愚が当局により処刑された後、第二代教祖・崔時亨に受け継がれ、彼のもとで、経典の編纂や教団の組織化を進めて、一八八〇年代後半、その勢力は忠清道、全羅道など朝鮮の中南部一帯に広がった。

一八九四年二月、全羅道古阜《こぶ》郡で地方幹部・全琫準の指導のもと、郡守・趙秉甲の悪政に反対する武装蜂起が起きた。数百の民衆が郡衙《ぐんが》を襲い、武器を入手し官舎の米穀を分け与えたところ、たちまち一万人の蜂起軍が結成された。三月二〇日に「輔国安民をもって死生の誓いとする」布告文を発して民衆の参加を呼びかけ、「八路同心」(8)しての実質的な農民軍、東学農民軍に発展した。彼らは、(ア)人を殺さず、物を害さず、(イ)忠孝ともに全うし、世を済《すく》い民を安んず、(ウ)倭夷を駆逐して聖道を澄清《ちょうせい》す、(エ)京に入り、権貴を尽滅す、という四カ条の行動綱領を持っていた。東学農民軍は、五月三一日には全州に入城したが、政府軍の反撃もあり二七カ条の内政改革の請願を国王に上願することを引き換えに六月一〇日、全州和約(9)を成立させ解散した。農民軍には農繁期の準備の事情があり、さらに軍事介入をねらう清国・日本両軍に侵入の口実を与えないねらいがあったといわれている。

(2)〝開戦外交〟

東学農民戦争当時の朝鮮側と宗主国・清国との関係をみてみると、一八九四年五月三一日、朝鮮政府が清国に援兵要請を決議し、翌日、領議政の名で袁世凱に援兵請求の公文を伝達しようとしたが、公文が調《ととの》わず六月三日夜に延着する。日本へは杉村濬《ふかし》代理公使から、全州は昨日、農民軍が占領してしまい、朝鮮政府は清国に援兵を求めたと袁世凱が言っている、との電報が届く。そこで伊藤内閣は六月二日、閣議を召集し、衆議院第六議会の解散と朝鮮派兵を早速決議した。派兵の狙いは第一次東学農民戦争を鎮圧するためであったが、外相陸奥宗光は参謀本部の川上操六次長と会談して、派兵の名目を〝公使館及び居留民保護〟とし[10]、出兵規模は混成一個旅団とした。二人の相談は、「此時は如何にして平和に事を纏むべきかと云うを議するに非ずして、如何にして戦いを興し如何にして勝つべきかということを相談したるなり[11]」という戦時体制を想定したものだった。そして六月五日には対清開戦を予想して大本営を設置し、広島の第五師団に動員令を下した。

(3)追い詰められていた伊藤内閣

日清開戦に至る日本国内の政治状況はどうであったか。明治憲法発布の翌年、一八九〇年七月に第一回総選挙が行われ、三〇〇議席のうち反政府派の自由党、愛国公党、大同倶楽部など民党五派で一七〇議席を占めた。山県有朋内閣は野党大連合の内閣成立阻止のために七月二五日、「集会及政社法」を制定し、集会は屋内に限り、事前届け出を義務付け、政社間の連絡と支部の設置を禁じたうえ、軍人・警察官・教員・学生・女子の政治集会参加を禁止した[12]。第一回帝国議会（以下、第一議会などと略す）は一一月二九日に開かれ、山県首相は主権線（国境）を守るにとどまらず、国境の安全にかかわる地域をも利益線として確保すべし、と述べ軍拡方針を明確にした[13]。野党は民力休養＝地租軽減と政費節減を旗じるしに予算案を攻撃し、地租軽減のため官吏の定員・俸給と軍拡費を減額した予算を可決した。一八九一（明治二四）年一一月からの第二議会では、山県内閣にかわった松方正義内閣が、政府が提出した軍艦製造費と製鋼所設立費を削ろうとする民党に対抗するため、一二月に議会を解散した。翌一八九二年二月の第二回総選挙では、品川弥二郎内相と白根専一内務次官の指揮の下、野党にテロまがいの大干渉を加え死者二五人、重傷者三八八人を越す事態となった。それでも野党が一六三議席を得て勝利した[14]。この背景には一八九〇年からの不況が九三年まで続き、野党の政策である「民力休養・経費節減」が支持を集めたことがあげられる。

続く第三議会は松方内閣の選挙干渉を批判するとともに内閣不信任決議を採択し、軍艦製造費を削った。松方は貴族院で予算案が成立するのを待って辞職したが、この野党の攻勢を「国家危急存亡の秋」と危機感を募らせ登場したのが伊藤博文であった。伊藤は元勲総出の第二次伊藤内閣をつくり、「明治政府末路の一戦」として議会に対峙した。しかし一八九二（明治二五）年一二月の第四議会でも野党攻勢が続き、官吏の俸給と軍艦製造費を削った予算案が可決された。ところが政府がこれに従わなかったため野党は内閣不信任案を提出すると、政府は議会を停会にした。停会明けの一八九三（明治二六）年二月、政府は天皇に、「緊迫している世界情勢下で軍艦製造費は削減できない。そのかわり軍人・官吏も俸給をさいて一割献金し、天皇も宮廷費から六年間毎年三〇万円を出すから、議会は政府と協力せよ」との詔勅を出させ、予算案を通過させた。一方政府は、朝鮮を利益線として確保する上で外交上、イギリスの支持を得る必要があり、この年七月、イギリスが望まない関税自主権の回復を除いた領事裁判権をめぐる条約改正の方針を決め、対英交渉を開始した。一一月に開かれた第五議会では、この外交問題をめぐって政府と議会が対立。政府を「軟弱外交」と批判する反政府派は「硬六派」とよばれたが、その対外硬派連合が「現行条約励行案」を出すと政府は議会を一〇日間停会にしたうえ解散した。枢密院議長・山県有朋は当時、「妄評暴言、紛擾を極め」、議会と現今の国事を論議しても最早解決の目途は立たないといった旨の書簡を伊藤に送っていた。

内閣がこうした〝苦境〟に立たされていたときに発生したのが、隣国朝鮮の東学農民戦争であった。陸奥外相はすでに五月二一日付伊藤宛書簡で、日本軍の単独出兵を提案しており、同月三一日、井上毅も伊藤宛に出兵目的の確定につき手紙を送っていて、清国側が派兵を決定する以前に伊藤、井上両者の間には朝鮮への軍事派遣は了解事項になっていた。伊藤内閣の既定方針どおり、六月二日の閣議後に山県の賛同を得て協議し、伊藤は直ちに参内。朝鮮派兵・議会解散を上奏し裁可を得た。この日のうちに明治天皇は、大山巌陸相らに「同国寄留我国民保護のため兵隊を派遣せんとす」という勅語を下賜した。

（2）日本側主導の戦時体制

⑴却下された駐韓公使の〝京城は平穏なり〟電

日清戦争の開始は戦後の通説では、一八九四年七月二五日の豊島沖での海戦とされ、八月一日に宣戦布告が行われたとされてきたが、その後研究がすすみ、後述するように七月二三日の日本軍の慶福宮占領、大院君の即位と日本への清軍の駆逐依頼という戦闘行動が初戦となった。端的にいえば「七月二三日戦争[15]」をもって開戦したのである。「七月二三日戦争」とは、a戦闘による王宮占領、b国王の捕獲、c現政府打倒、d大院君による新政府樹立である。では明治政府は、六月五日の戦時大本営の設置と大軍の朝鮮派兵をいかに位置づけていたか、陸奥宗光の『蹇蹇録』などから見ておきたい。また、日清戦争の開戦経過については、時系列を踏まえ詳述している原田敬一『日清・日露戦争』（岩波新書、二〇〇七年）に基づいてすすめることとしたい。

前節の勅語の通りで、済物浦条約[16]に従うならば居留民保護に出兵した二個中隊の三〇〇人の兵力で十分だったが、先にみた通り六月二日の閣議は混成一個旅団の大軍の派兵を決定した。通戦時の旅団である歩兵二個連隊の六〇〇〇人に、騎兵・砲兵一大隊（山砲）・工兵・輜重兵・衛生兵・野戦病院・兵站部を加えた八〇三五人の大部隊となり、戦闘可能集団になった。六月四日の伊藤首相や大山陸相らの首脳会議で既述のように大本営の設置が決められ、翌五日、天皇直轄の戦時大本営が設置された。つまり日本は正式に戦時体制に移行し、六日午後、大本営は第五師団の歩兵一個大隊計一〇二四名を宇品港から先発させ、翌七日、天津条約に基づき清国側に通知した。

もう一方の当事者、清国側は戦争回避のメッセージを日本に送り始め、李鴻章は同年六月七日、「李（鴻章）よりは（自分が進んで、の意。引用者）京城へ出兵せざるにつき、日本兵は仁川より先へは進むべからざる事」など六カ条を荒川巳次天津領事に求めた。

日本側が清国に宛てた派兵通知は、「変乱重大の事件ありて我国より派兵の必要有之候をもって帝国政府は若干の兵を派遣する積(17)」としたが、大軍をいわば帯同して京城に帰任した大鳥公使は、朝鮮国内の農民反乱が治まり、清国の袁世凱から「日清両軍の互いに朝鮮より退去せんことを(18)」持ちかけられるほどであった。こうして朝鮮が意外に平穏で清国軍隊も牙山に留まり京城に向かう状況にもない。このまま日本側が「余り多数の軍隊を朝鮮に派出し朝鮮政府および人民に対し特に第三者たる外国人に向かい、謂れなきの疑団を抱かしむるは、外交上得策に非ざる(19)」との見立てで、大鳥は六月一一日午前、「京城は平穏なり　余の大隊派遣見合わせられたし」と打電した。しかし既に戦争を想定していた陸奥は出発した部隊は引き返せないと返電した。川上操六参謀次長も日本郵船に対し、陸軍大演習の準備を名目に社船一〇隻の傭船契約を結び、一週間以内の宇品港回航を指示しており、日本側の朝鮮侵略体制は整えられていった。

日本の一般民衆には六月二日の閣議決定・派兵実施は極秘裏とされ、東京の各新聞は発行停止となっていた。それが解除されたのは八日夜であり、翌九日に日本の朝鮮派兵を新聞が報じた途端、義兵申請が相次いだ。なかには、かつて自由民権運動にかかわった団体・個人からも〝義勇兵運動〟が起きた(20)。

⑵明治政府による〝内政改革〟提案と絶交書

東学農民軍が全州和約の成立で解散したため、日本軍四〇〇〇名が農民戦争の近郊ではなく、漢城（ソウル）とその入り口の仁川との間に駐留を続ける理由がなくなった。[21] 大鳥公使は、欧米諸国公使からの疑惑と圧迫のなかで清国・朝鮮両方から撤兵を迫られていた。大鳥公使が本国に打った相次ぐ派遣中止要請に対して、六月一三日、陸奥外相は、「もし何事をも為さず又は何処へも行かずして終に同処より空しく帰国するに至らば、甚だ不体裁なるのみならず、又政策の得たるものにあらず」と日本大使館に打電し、漢城に進出した軍隊が「何事」か為すことを強く求めた。そのため、六月一五日、伊藤内閣は閣議で、「朝鮮国変乱に対する我が態度並びに将来の行動に関する件」を決定した。それは、㋐朝鮮の内政を日清共同で改良するため、両国から常設委員を出し指導する。それは例えば朝鮮の財政事情や中央・地方の官吏の働き具合を調べ、必要な警備兵を置いた上で、「（朝鮮）国内の安寧を保持せしむべし、同国の財政を整頓し出来得るだけの公債を募集して国家の公益を起すべき目的に使用せしむべし、等[22]」であり、㋑清国が拒否すれば、日本単独で改革指導を行うというものだった。当初の公使館・居留民保護という派兵名目は、このような武力を後ろ盾にした朝鮮の内政干渉に完全に変質し、軍事介入と駐留を続ける日本が清国との交渉に楔を打ち込んだも同然の事態に陥った。

こうした日本の武力による内政干渉を〝正当化〟する大義名分に挙げられたのが「清韓宗属」の関係である。陸奥は、清国が朝鮮に出兵した際の行文知照を見た瞬間、「その照会中に保護属邦の字面あるを以て、直ちにこれによって一の争議を提起せん[23]」と判断したのである。ただ当時は、特に伊藤総理をはじめ閣僚は同意しなかった。なぜかといえば、「清韓宗属の問題はその歴史甚だ古く今事新しくこれを外交的争議の根拠とするはすこぶる陳腐爛熟に属[24]」すだけでなく、「清国政府に向かい干戈相見ゆるの機を促す[25]」のは明らかであって、加えて欧米諸国からも「ことさらに、……旧痍《きゅうい》を探り紛論の種子を蒔けりとの譏《そし》りを免れざるべし[26]」という危惧があったからである。そして当初は陸奥も、汪鳳藻駐日清国公使に「帝国政府においてはいまだかつて朝鮮国を以て貴国の属邦とは認めており申さず[27]」と抗議するにとどめていたのが、戦時体制を敷き、軍隊を朝鮮に派兵した後は、「しかれども今や朝鮮における日清両国の関係は到底一場の衝突を起さざるを得ざるの時機に迫り、大鳥公使は現にこの難局に当るを以て、ともかくも宗属問題に籍《か》り破綻を促すの外、他策なしと頻《しきり》に主張した[28]」のであり、外相陸奥と大鳥公使主導で開戦に突き進んだのである。

六月一五日の伊藤内閣の決定に対して清国政府は、六月二一日、内乱はすでに鎮定されている。朝鮮の内政改革は朝鮮政府が自主的に行うべきもの、天津条約[29]に従い日本は撤兵すべきだとして、当然ながら拒否の回答を行った。ところが同日午後、山県有朋や統帥部も参加した臨時閣議は、対清作戦方針を検討し、六月一二日に中止していた混成旅団の残部隊の派遣を決定した。翌日の御前会議は、「内政改革の協定実現まで撤兵しない」ことと、六月二四日出航予定の「混成旅団残部の派兵」を決め清国との開戦の意思を明確にした。また陸奥外相はこの日、大鳥公使に仁川滞留中の部隊を漢城に進出させるよう打電した。部隊は六月二五日、漢城南方郊外の龍山に陣地を築いた[30]。

日本側の日清両国共同委員を出すという提案に対する清国の道理ある拒否回答に対し、明治政府は六月二二日、清国が列挙した事項に逐次反駁した公文を発した。これが第一次絶交書といわれるものである。[31]

陸奥外相は大鳥公使に打電し、内政改革を日本単独で朝鮮政府に実施させるが、軍事的緊張が高まったため開戦を準備せよと命じた。大鳥は六月二八日、朝鮮政府に、清国の属国であり続けるか否かを問い詰め翌二九日を回答期限とし、さらに三〇日、朝鮮側に杉村書記官が返答を催促したところ、朝鮮側から我が国は自主の国であり、清軍は要請しての援兵であるから今更退去を要求することはできないとの回答があった。このとき、清軍が朝鮮に駐兵し干渉していることをもって開戦するという内々の合意が大鳥や杉村らでできていた。そこに突然、欧米諸国とりわけイギリスが日清両国に、朝鮮の内政改革を進めるための条件の提出を求めてきた。日本政府は、清国との開戦にロシアが干渉してくることを恐れ、そのロシアの動きの防壁にイギリスを利用する政策をとっていたため、立場上は苦しくなったが、七月九日、清国が拒んだので再び事態は開戦に動いた。日本政府はイギリスの調停案を拒絶した清国を非難し、日清交渉を打ち切り清国との関係を絶つことを表明した。これは第二次絶交書といわれ、七月一一日に閣議決定された。[32]

(3) 絶交書に対する清国の対応、日本側の韓廷〝奪取〟命令

第二次絶交書が七月一四日清国政府に届き、これに激怒した清国皇帝は李鴻章に対日開戦の決意

を打電した。にもかかわらず李鴻章は、荒川巳次天津領事に朝鮮問題での話し合い解決を求めたというが、陸奥は正式交渉ルートでない交渉は認めないとの態度を表明した。七月一五日、李鴻章も牙山の葉志超軍に平壌への海路撤退を命じ、一六日には平壌と義州に増援軍を出し、葉志超軍も加わって迎撃する。葉志超軍の牙山撤退後、北洋海軍主力が朝鮮海面に進出するという第一次作戦計画を報告した。しかし海路を危険とみた葉提督は移動せず、一八日、逆に増援要求を行った。李鴻章は、兵力二三〇〇人を牙山に急派したが、輸送船が不足していた。一九日、日本政府は、イギリスの第二次調停で示された条件の修正案の回答期限を七月二四日として、その間の五日間の清国の増派実施を「威嚇の処置と看做す」と警告した[33]。戦時体制を先に敷いた日本側がそのことを少しでも隠そうとしたのである。しかし、当時の状況を回顧した陸奥宗光は、韓国側から日本に牙山の清軍を撤退させるよう要請させるためには、日本が韓国側を手中に入れる「高手的外交政略[34]」が必要であったと次のように語っている。「保護属邦の名を有する清軍は朝鮮の独立を侵害し併せて日韓条約の明条に矛盾するを以て、韓廷よりこれをその国外に駆逐することを要求せしむ[35]」という「高手的外交政略」である。しかしこの手法はことさら戦争挑発行為に見られる恐れがあり、過去にロシアと約した外交関係にも影響する。朝鮮の独立云々という日本側の大義に反する事態という議論を承知のうえ、「酷に言えば先ず朝鮮国王を我が手中に置かざるべからず[36]」とするのは、「我が国が朝鮮の自主独立を確認すという素論と逕庭《けいてい》し、到底何人の同情をも得べきに非ず[37]」となるに違いないが、「さりとてこの切迫なる間際において復《また》他の良策を案出するものなく[38]」と結論した。そして陸奥は大島公使に命じた。「今は断然たる処置を施すの必要あり。何らの口実を使用するも差支えなし。実際の運動を始むべし[39]」と打電した。

(4) 政権打倒・新政府樹立、そして清軍撃退を要請させた明治政府

開戦の三日前の七月二〇日午後、大島公使が大島義昌第五混成旅団長に申し入れた提案は、先述した「七月二三日戦争」そのものだった。その前日の一九日に大島公使は、「駐留清軍の駆逐」と「朝清間の中朝商民水陸貿易章程の廃棄[40]」の二件について回答期限を二二日にして朝鮮政府に突きつけていた。いずれも朝鮮側が同意できるはずのない要求で開戦大義のための最後通牒だった。七月二二日夜半に届けられた朝鮮側最終回答は、「政府の改革は、朝鮮政府が自主的に実施する予定」「農民反乱は治まったので日清両軍は撤兵してほしい」という明快なものであった[41]。

そこで二三日午前〇時三〇分、大島公使から「計画の通り実行せよ」の電報が大島旅団長のもとに届いた。午前二時、日本軍の混成旅団の総力は龍山を出発し漢城に向かった。大島旅団長によれば、「人をして」漢城電信局の電線を切断させ、「このことの早く清国へ聞えんことを予防し[42]」、王宮である慶福宮に向かった。国王の居住していた景福宮を包囲した歩兵第二一連隊第二大隊はほどなく攻撃を開始し、開門させるまで銃撃戦が繰り返され七七名の朝鮮兵が死傷した。当日の「ただいま朝鮮兵と戦闘中」という電報も、決着が着いたという電報も同時に、その日の午後一時四〇分に日本の大本営に到着した。混成第九旅団の参謀であった長岡外史は後年、「俗に京城打入という七

月二三日[43]」と記し、忠臣蔵の討入りに似せて表現している。

この戦いの結果、日本側は朝鮮「国王を擒に」した。国王を擒にし、大院君新政権を樹立したのは、牙山駐屯中の清兵の撃退を朝鮮側から日本に要請させるためであり、大鳥提案そのものだった。つまり、七月二三日の戦闘後、朝鮮政府が日本側に清軍の撤退援助を依頼してきたため、それに従ったという日本側シナリオで開戦理由が成立したのである。実際は、七月二五日午前、大鳥公使は、「大院君の前に於て超外務督弁と議論を尽し、僅かに一通の委任状体の書面を領せり[44]」というのが実態だった。

こうして第五混成旅団は二五日に漢城を出発し、二六日の午後一〇時頃、清兵撤退依頼の外務省公文書を受け取ったという大鳥公使の通知を受け、二九日に成歓、三〇日は牙山の戦闘に入っていった。一方日本海軍も二五日、宣戦布告なしに、豊島沖で清国艦隊を奇襲攻撃していた。

(3) 進む軍拡路線と〝巨万の富〟を得た大資本家

これまで明治政府の対外膨張戦略を日清戦争のなかで見てきた。ここでは戦争を前後しての財政上の軍事費の比率変動を概観しておきたい。対外膨張を担保する軍拡の契機は、壬午軍乱(一八八二年)及び甲申政変(一八八四年)である。つまり後者で日本は朝鮮半島での足場を失い、それを契機に対清戦争を想定しはじめたことは、一八八三年の海軍、八四年に陸軍の拡充計画が始まったことに示されている。事実、国の一般会計予算に占める軍事費比率は一八八二年の約一七%が一八八四年には二二％に、一八九〇年には三一％と激増した。この九〇年という年は先述したように山県有朋の主権線・利益線の議会演説の年であり、日清戦争時の一八九四年の戦費は例年の歳入総額の二倍の約三億円に達した。そしてそのほとんどが国民の軍事公債や増税などの負担でまかなわれた。また戦時軍需物資の調達には、三井物産・大倉組・日本郵船があたり、巨万の富を手にした。銀行の払込み資本金に対する利益金の割合は、一八九四年の五〇％から九五年の六三％と一挙に伸びた。

一八九五年四月、山県首相は、「東洋の盟主となるためには、利益線の拡張をはからなければならない」とさらなる軍拡を強調した。政府は三国干渉に対する報復を掲げ、民衆の不満を一層、対外侵略の方向へと向けようとした。陸海軍の軍備拡張一〇カ年計画は一八九六年から始まり、政府は清国から得た賠償金とその利子約三億六〇〇〇万円のうち、約三億円を戦争の後始末と軍拡にまわした上、さらに公債発行と増税方針を決めた。その軍拡では、陸軍が六個普通師団を一二個師団に、海軍は一一三隻の軍艦・水雷艇をつくるために、総額七億八一〇〇万円を投入した。この結果、一般歳出でも九六年には七三〇〇万円だった陸海軍費は、一九〇三年に一億五〇〇〇万円に膨張、直接軍事費だけで全予算の四〇％を占めるに至った。こうして日本は後発国ながら帝国主義列強の一員となっていったといえる。

2 明治日本の対外膨張戦略を正当化する「朝鮮観」 司馬遼太郎氏と西尾幹二氏の場合

(1) 司馬遼太郎氏の「朝鮮観」

前節まで明治政府がどのように日清戦争を起こしたか、またこの戦争を通して軍拡を達成したことを概観した。しかしそれが今日の日本で正しく認識されていないことは、冒頭で紹介した北陸の一地方のセミナー会員の発言からもわかる。ここから取り上げるのは歴史小説の大家、司馬遼太郎氏である。氏は小説の体裁をとりながら明治政府の対外戦争に独自の解釈を下した長編を刊行し、日本国民の心情を巧みにとらえ、ベストセラー作家になった[45]。一九七〇年代以降の日本社会に大きな影響を与えたといって良い。ここでは明治期の対外政策、とりわけ朝鮮半島に対する氏の朝鮮観について、代表作の一つ『坂の上の雲』(以下、『雲』と略記)を手掛かりに論を進める。

『雲』では次のような朝鮮観が展開されている。

「一九世紀からこの時代にかけて、世界の国家や地域は、他国の植民地になるか、それがいやならば産業を興して軍事力をもち、帝国主義国の仲間入りするか、その二通りしかなかった。……日本は維新によって自立の道を選んでしまった以上、すでにそのときから他国(朝鮮)の迷惑の上においておのれの国の自立をたもたねばならなかった[46]」

司馬氏は、明治期は、世界において植民地になるか帝国主義国になるかの二つの選択しかなかったゆえに、日本は帝国主義国家の道を選び、朝鮮を植民地化せざるを得なかった、というわけである。帝国日本の対外膨張戦略をいわば、自国防衛戦争かのように描き、〝正当化〟する。ただこうした「朝鮮論」には、当時の民衆の要求・運動――朝鮮はもちろん日本国内のものも――が全く出てこない。

「雲」に見られる司馬氏の朝鮮観を含む日清戦争論は、次のA：日本、朝鮮そして東アジアを中心とした世界情勢、B：明治政府の対朝鮮方針、C：具体的行動、の三つの柱から成り立つ「朝鮮先取論」といえる。

Aⅰ：日本は明治維新という大改革を成功させ、欧米列強に伍する自立の道を進んでしまった。[47] 列強はたがいに国家的利己心のみでうごき世界史は帝国主義のエネルギーでうごいている。日本はその列強をモデルにして明治国家として誕生した。[48]

Aⅱ：ところが隣国の朝鮮は李王朝が五〇〇年も続き、旧弊にとらわれた貧しく遅れた国で秩序も老化している上、老廃国・清の属国のため、朝鮮自身の意思と力で自らの運命を切り開く能力は皆無であった。[49] このままでは朝鮮国の〝独立〟と〝近代化〟は見込めない。日本は朝鮮の独立と近代化＝内政改革を強く願った。

Aⅲ：一九世紀からこの時代にかけて、世界の国家や地域は、他国の植民地になるか、それがいやなら帝国主義国の仲間入りする他はない。日本が朝鮮に固執するのをやめれば、朝鮮国のみならず日本までを狙っている帝国主義国のロシアの南下を許し、ロシアに併呑されてしまうだろう[50]。換言すれば、「朝鮮を領有しようということより、朝鮮を他の強国にとられた場合、日本の防衛は成立しない[51]」。

B：したがって朝鮮国を日本の手によって開国させ、清国との隷従関係を断ち、ひとつ念仏のように「朝鮮の自主性をみとめ、これを完全独立国にせよ」と言い続けてきたのである[52]。

C：朝鮮を自主的で独立した国にするには朝鮮に駐留する清国軍を撃退しなければならない。つまり朝鮮国を武力でもって先に入手しなければならない。

以上からA～Cの論を本稿では司馬「朝鮮先取論」と呼ぶとともに、後述する論者の所論を検討する際に、その該当箇所の要旨をA i、A iiなどと指摘することにする。

(2) 西尾幹二氏の「朝鮮観」

問題はこうした「朝鮮観」が司馬氏以降も表現やニュアンスを変容させつつ登場し、一九九〇年代から現在まで継承されていることである。次に司馬氏の後継と思われる西尾氏の見解を検討しよう。

(1)司馬「朝鮮先取論」に重なる西尾幹二氏の『国民の歴史』

「坂の上の雲」から約二〇年後、一九九〇年代の半ばに中学の歴史教科書に対して自虐的であるとするキャンペーンが起こった。その中心の一人であった西尾幹二氏は間もなく大著『国民の歴史』（一九九九年一〇月刊）を著した。氏はそこで「3　世界最古の縄文土器文明」、「9　漢の時代におこっていた明治維新」、「16　秀吉はなぜ朝鮮に出兵したのか」、「18　鎖国は本当にあったのか」など三四章にわたるなかの多くの章で歴史事項を取り上げ自説を展開した。なかでも、「23　朝鮮はなぜ眠りつづけたのか」で展開された〝西尾説〟を検討する。

西尾氏は強調する。一九世紀から二〇世紀初めにかけての近代日本史は、東アジアの国際情勢と密接不可分で[53]、次の①～③を前提として踏まえなければ歴史は叙述できないとする[54]。

①英・露・仏・蘭・米・独など〝野盗の群れ〟の如き列強が、当時、名ばかりの国境で塀も柵もない荒れた原野であるアジアに植民地を求めて走り回っていたようなものだ[55]。

②頼りになるべき中国（清）が自国も守れない官僚的老廃国の体たらくで、朝鮮はその属国であった。このまま放置しておけば、朝鮮半島はロシアのものになるか、列強の草刈り場になるだけだった[56]。

③中国と韓国は無力であったにもかかわらず、日本に理由なき優越感を示し[57]扱いにくい上、侮日感情を抱いており、今日に及ぶ感情的もつれの原点となっていた。

以上を逐条的に論評すると、①は、当時の帝国主義列強がアジアに覇権を強めていたことを強調してＡⅲに該当し、②では朝鮮の政府と社会が清の〝属国〟であったことを強調したＡⅱに該当する。③では、両国がその思想からくる感情の〝偏狭さ〟ゆえに日本社会の優位性を認めないことを主張しており、Ａⅰの一変種といえる。

そして西尾氏はここで、一般の歴史書では「第一に、日本は……最初から欧米列強と一緒になってアジアを侵略した悪い強国として扱われていないだろうか[58]」と問いかけ、「一般の歴史書」の記述に疑問を投げかける。

西尾氏が理解する明治の日本は、まだ列強の不平等条約の下に置かれた半植民地国家で独立国家でなかった。むしろ、イギリスの対ロシア政策の傀儡であった一面があるという[59]。

こうして西尾氏なりの明治全体の時代把握を披露したあとは、一九世紀中葉以降の朝鮮社会論に移り、司馬「朝鮮先取論」を繰り返す。まず、

(ア) 一八六〇年代前後の朝鮮はどうであったのかというと、経済的に破産し、軍事力もなく、政権は分裂と内紛に明け暮れ、崩壊寸前であった。それは中国以上に儒教的な専制君主政治を強化してきたからだったという。朝鮮国内の動きを呉善花氏の説などで援用し、朝鮮社会は、両班・中人・常民・奴婢の四つの身分に分かれ、両班の派閥が勢道政治を展開し、目に余る横暴を何百年も働いてきたとされる[60]。また李氏朝鮮の大院君は西洋文化を拒絶し、朝鮮のキリスト教信徒を弾

圧する絶対王権を確立、中国中心の華夷秩序の事大主義を貫く「衛正斥邪《えいせいせきじゃ》」を旗印に、対外外交を閉ざしていた[61]とAⅱを一九世紀中葉に遡って確認し続ける。

(イ) そうしたなかで日本は朝鮮との国交回復を求めた。日本は朝鮮の清からの独立と近代化を願っていた。というのは、ロシアがアジアを南下し朝鮮国境にまで領土を広げている。朝鮮半島がロシアに領有されるか、列強に分割されるかすれば、日本の国土防衛が不可能になるとAⅲの認識を確認し、ことここに至れば、日本は武力でもってでも鍵をこじあけ、朝鮮を独立させ近代化の必要を悟らしめねばならないと[62]、Bの方針が導き出される。その結果が、一八七三（明治六）年の大院君失脚後の、日本の「砲艦外交[63]」であったと規定しており、日朝修好条規が結ばれ、朝鮮の「革新派」官僚は日本の産業興国と軍制改革を目にして、国際動向を初めて知ったと続ける。そして日本の指導者たちは彼らに朝鮮の独立と近代化の必要を説いたというのである。

(ウ) ただ西尾氏は、明治政府の朝鮮へのあまりの露骨な武力開国路線に躊躇《ためら》いを感じたのか、この時代の世界を席巻した〝政治熱〟を高坂正堯氏の説を借りて〝了解不可能[64]〟なほどであったと次のようにコメントする。「まことにあの時代の英・露・米などは、地球の表面の隅々にまで隙あらば手を伸ばそうとする膨張心理にとらわれていた。それは日本にとって鳥肌立つほどの恐怖を感じないではいられなかったであろう[65]」と。

こうして、書契問題・江華島事件・日朝修好条規を織り交ぜ自説を展開する[66]。

(エ) 一方、朝鮮の一部の政治家は改革派官僚と手を組み、日本人・堀本礼造中尉を招いて日本式軍隊の訓練を始めたが、警戒した清国の干渉で失敗し、日本の影響力は低下し、閔氏政権は清国への依存を深めた(67)。朝鮮の政治は、親日の改革派・開化派と清国寄りの保守派に分裂、窮地に立った朝鮮・改革派官僚は一八八四年末、金玉均らに率いられクーデターを強行したが、これも失敗した(68)。

(オ) 片やウラジオストックに拠点をおくロシアは、虎視眈々と東北アジア全体の情勢を見ていた(69)。先述した「清国派と日本派の抗争ののち、朝鮮では清国の支配権が強化された。そしてそこにロシアが割り込み、イギリスが牽制していた。このままいけば内政に弱点のある李朝は列国のえじきになるのは目に見えているとして、日本は内政改革の共同申し入れを求め、イギリスもこれを支持したが、清国は拒否、朝鮮の属国状態の維持を図った(70)」と、司馬氏の箇所で見たAを強調し、「ことここに至って日本は半島から清国の勢力を一掃し、朝鮮を独立国にするための戦争を決意し、軍事力の増強を行っていた」とBの意思を固め、「朝鮮に農民の反乱が発生し、李朝は鎮圧しかねたため、清国に出兵を要請した(71)」。ここで西尾氏は「日本はこれを認めるわけにいかず、条約に基づいて軍を動員して朝鮮に出兵(72)」と日本側に出兵の道理があったように叙述するが、先述したように事実は違う。参謀本部の作戦通りに日本軍が朝鮮で軍事行動する根拠に清軍の出兵・駐留を挙げたのである。西尾氏は両軍が出兵したその結果、日清戦争が始まったように虚飾している。つまり本稿1で示したように、日本の軍隊の準備・派兵の過程、漢城・龍山駐屯、そして朝鮮王宮を占領したことを全く欠落させているのであり、史実を曲げて記述しながら、次のように日本＝明治政府を賛美する。「日本は列強に取り巻かれている背後のこの現実を入れつつ戦いを起こした。しかし日清戦争は列強の見守るなかで大国の清に挑戦する日本の孤独な賭けであり、どの国にも左右されない独自の行動だった[73]」。「独力で危険な賭けを切り抜けようとして、日清戦争に突入した日本人の勇気は、大国清を相手どっただけに、あえて積極攻勢に出た『自衛の道』にほかならなかった[74]」。そして「日清戦争は日本から見れば完全な成功だった。欧米列強は日本の勝利を喝采し、日本に対する彼らの特権をあいついで放棄した。朝鮮は初めてこれで中国から解放され、『独立国』となった[75]」というのである。

このように西尾説は、朝鮮の独立と近代化を達成しなければ日本の防衛・安全が保てなかった。それゆえ日清戦争は「自衛戦争」だったというのであり、司馬遼太郎氏の「朝鮮観」の相似形である。

(2) 〝物語〟でない歴史を綴る西尾、司馬両氏

西尾氏は、『国民の歴史』冒頭で次のように断る。「歴史は科学ではない。……歴史は言葉によって語られて初めて成立する世界である。言葉というあやふやなものによってつくりだされる不確かな人間の知恵の集積であり、……人間的解釈の世界である[76]」と述べながら、歴史は〝物語り〟だと表現しつつ、しかし実際は朝鮮の〝開国〟から日清戦争までを辿っている。

先輩格にあたる司馬氏は、さらに率直に歴史科学に矛先を向けていた。つまりフィクションの歴

史小説と銘打ちながら、しばしば戦後歴史学への不信と不満を表明していた。①ア「日清戦争とは、なにか。『日清戦争は、天皇制日本の帝国主義による最初の植民地獲得戦争である』[77]という定義が、第二次世界大戦のあと、この国のいわゆる進歩的学者たちのあいだで相当の市民権をもって通用した。あるいは①イ「朝鮮と中国に対し、長期に準備された天皇制国家の侵略政策の結末である」ともいわれる[78]」と批判しつつ、自らが抱いた願望が反映した見解は好意的に紹介する。②「清国は朝鮮を多年、属国視していた。さらに北方のロシアは、朝鮮に対し、野心を示しつつあった。日本はこれに対し、自国の安全という立場から朝鮮の中立を保ち、中立をたもつために朝鮮における日清の勢力均衡をはかろうとした。が、清国は暴慢であくまで朝鮮に対するおのれの宗主権を固執しようとしたため、日本は武力に訴えてそれをみごとに排除した[79]」と。

そうして司馬氏は判定する。①ア、①イでは日本が「悪のみに専念する犯罪者のすがた」で、②では「英姿をさっそうと白馬にまたがる正義の騎士のよう」だと。①ア、①イに代表される戦後の「歴史科学は近代精神をよりすくなくしかもっていないか、もとうにも持ちえない重要な欠陥が、宿命としてあるようにおもえる[80]」と烙印を押し、氏の「朝鮮観」では排除の対象だと断言する。両氏は、いずれも歴史はフィクションである、あるいは物語りだと言いながら、しかし自らのフィクション・物語りと相いれない「一般の歴史書」には猛然と批判し非難を加える。そこが骨太な共通点である。

3　司馬、西尾両氏の朝鮮観の近年における継承

ここでは司馬「朝鮮先取論」とその後〝活躍〟された西尾説の核心部分を継承していると思われる論著を検討する。まず断っておかなければならないのは、次にあげる書籍は最近の膨大な出版物のなかの僅か六冊に過ぎないことである。これを選んだ理由は、近年のセミナーで話題に出た著書であるからだが、その執筆者の専門を見れば、憲法、郷土史、経済学、近代史など多彩である。各書に略記を付して順次検討を加えていくことにする。

□竹田恒泰『旧皇族が語る天皇の日本史』（PHP新書、二〇〇八年）→『竹田・日本史』と略記

□金澤敏子・向井嘉之他『泊・横浜事件七〇年――端緒の地から あらためて問う』（梧桐書院、二〇一二年）→『金澤・七〇年』と略記

□渡辺利夫『アジアを救った近代史講義――戦前のグローバリズムと拓殖大学』（PHP新書、二〇一三年）→『渡辺・講義』と略記

□皿木喜久『子供たちに伝えたい日本の戦争 1894～1945年――あのときなぜ戦ったのか』（産経新聞出版、二〇一四年）→『皿木・戦争』と略記

□百田尚樹『日本国紀』（幻冬社、二〇一八年）→『百田・国紀』と略記

□久保田るり子『反日種族主義と日本人』（文春新書、二〇二〇年）→『久保田・日本人』と略記

竹田氏[81]の『竹田・日本史』では、「明治二三年（一八九〇）にわが国初の総選挙が実施されると、いよいよ最初の帝国議会が召集された。当時朝鮮は清国の支配下にあるも、すでに清国は国力が低下していたため、日本が朝鮮の独立を支援し、ロシアの南下を防ぐことが防衛上必要と考えられていた[82]」と、いきなり司馬「朝鮮先取論」のＡＢＣが語られる。「日清戦争が近いと考える政府首脳は軍事予算の増額を議会に求めるも、なかなか予算を通せない。憂慮した天皇は宮内大臣に、宮廷費用を節約し、製艦費に充てるように命ぜられた[83]」。ここで政府首脳はなぜ「日清戦争が近い」と考えたかといえば、「ロシアの南下を防ぐことが防衛上必要」なのだが、それが現状では果たせないほどの朝鮮の清国隷従状態であったからだというのである。「そして明治二七年（一八九四）、朝鮮で東学党の乱が起き、日本と清国が出兵したことで、日清戦争が勃発した。……日本は輝かしい勝利を収め、結果として朝鮮は清国から独立し、大韓帝国が成立した[84]」。こうして明治政府の対外膨張戦略の理由を、隣国が遅れた国で清国の〝属国〟状態であったことに求める司馬、西尾両氏の忠実な後継者となっている。

『金澤・七〇年[85]』は、「そもそも明治に入り、ようやく近代国家として自立をはじめた日本がなぜ日清戦争に突入せざるを得なかったのか[86]」と問うて、「日清戦争は、主に李氏朝鮮をめぐる日本と清朝中国の戦争である[87]」と、まずＡⅰを確認し、直ちにＡⅲに飛躍する。朝鮮政府の改革や開化派の動

き、もちろん朝鮮民衆の姿は全くないが、「当時は欧米列強の各国がアジアの諸国を次々と植民地化していた頃で[88]」、「イギリスをはじめとする欧米列強は、中国・朝鮮半島・日本も支配下におくことをねらう中で、ロシアもまた南下作戦を考え、清国(中国)・朝鮮半島を傘下に治めようと虎視眈々とチャンスを伺っていた[89]」と$\mathrm{A}^{\mathrm{iii}}$を直接継承し、「片やウラジオストックに拠点をおくロシアは、虎視眈々と東北アジア全体の情勢を見ていた[90]」とした西尾氏『国民の歴史』と瓜二つの解説をする。そして「明治政府指導者は、ロシアが南下し攻めてくる前に、まえもって朝鮮半島を手に入れようと朝鮮半島進出をもくろんだところ、中国(清国)がこれを阻止しようとし、日清戦争勃発へと繋がっていった[91]」と司馬「朝鮮先取論」の結論に導く。

『渡辺・講義』では、「朝鮮が、事大主義をもって開国と近代化を拒み[92]」とA^{i}を規定し、「清国の力を恃《たの》んで独立への気概のない状態のままで[93]」としてA^{ii}を付言する。そして「いずれ清国やロシアによる支配はまぬがれない。朝鮮が清国やロシアの支配を受ければ日本も危ういというのが当時の日本の指導者に共通した考えでした[94]」と明治指導者になり代わり$\mathrm{A}^{\mathrm{iii}}$を披露する。実際、「時の外務大臣陸奥宗光には、……名著『蹇蹇録《けんけんろく》』(岩波書店)があります。この著書の中で、陸奥は、朝鮮の『安寧静謐』(平和)を守るは『我が自衛の道』だと書き記しています[95]」と陸奥外相の論を自説の論証に充て、「自衛戦争」であったとまとめている。ただ、対朝鮮でいえば、明治初期の〝砲艦外交〟が「決定的な転機となった[96]」とし、江華島事件をあげるが、「朝鮮の沿岸で測量中の日本の艦船が砲撃を受け、これに応じた日本軍が江華島の砲台を占拠した事件、これが江華島事件です。……[97]」と、日本側の武力挑発と島攻略・占拠を防衛上の対応に描き、最新の研究成果を看過している[98]。続いて一八九四年の東学農民戦争に話は及び、「日清戦争の契機となったのが、東学党の乱です。明治二七年(一八九四)四月に起こった秘密結社東学教団による農民反乱です。道都の全州が彼らによって制圧されました。全州は李氏朝鮮の本貫(発祥の地)です。この全州の制圧に対して、朝鮮政府は再び清国軍出動を要請し、清国は属領保護のために出兵しました。朝鮮と清国との君臣関係をここで認めてはなるまいと日本も出兵し、日清戦争が勃発したのです[99]」と、朝鮮が清国に要請した出兵を容認せず、また清国と朝鮮政府が天津条約に基づき日本軍に撤兵を求めたことを無視し、日本の武力侵攻を、朝鮮と清国との君臣関係を認めないことで正当化するところに『渡辺・講義』の特徴があるといえる。が、一国と一国の外交関係を認めないとする権限は、当時といえどもどの国にも与えられていなかったはずである。

さらに、『皿木・戦争』は、「東学党を中心に、半島南西部の全羅道古阜郡というところで農民らが反乱を起こした。……五月には、とうとう全羅道の道都、全州を陥落させてしまった。だが当時の李氏朝鮮政府には鎮圧する力がない。そこで半島に影響力を強める清国に助けを求めた。……李鴻章は、ただちに歩兵二千人に山砲八門をつけ全羅道の北、忠清道の牙山に派遣した[100]」と朝鮮政府の対応を示しながら、日本側の動きは、「混成一個旅団の派兵を決め、六日には千人余りが広島・宇品港から首都・漢城(ソウル)西方の仁川に先発した」と述べると同時に、派兵目的が「日本人を保護するためとしていた[101]」と明記する。そして「このまま清が反乱を鎮圧すれば、李朝は完全にその軍門に下るだろう。そうなれば海峡を隔てた日本が危うい。この時代の日本人が共有していた危機感だった[102]」とAからCに結論を急ぐ。朝鮮を先にわが物にしなければ、日本自体が列強に征服される。こうして自ら後発帝国主義国として身勝手な「朝鮮先取論」が浮き彫りになる。ただし、本書は東学農民軍の動きから明治政府が主導的に行った朝鮮の内政改革提案や軍事行動にまで言及していることに特徴がある。さらに『皿木・戦争』は次のように続ける。「だがこうした日清両国の出兵を恐れた東学農民軍は一一日には李朝政府と『和約』を結び、さっさと解散してしまった。……清は日本に対し、いっしょに撤兵しようと提案した」が、「戦時体制の日本は止まれない。清側の提案を拒否。逆に日清共同で朝鮮の『内政改革』にあたることを提案した。……『朝鮮が改革をしない限りまた反乱がおきる。それまでは撤兵はできない』という理由からだった」。皿木氏自身、こうした明治日本の対応にかなりの強引さを感じている表現にも思えるが、詰まるところ「何度も繰り返すが、当時の朝鮮が自立した近代国家となることは、日本の安全保障上どうしても必要だったからだ」と弁明し、正当化する。

さらに最近では、百田尚樹氏が『日本国紀』で、「一九世紀の国際社会はいまだ弱肉強食の世界であ[103]」り、欧米列強によりアフリカ・南米・中東・インド・東南アジアが植民地化され、最後に残った「中国大陸に狙いを定めていた[104]」とA[iii]を説き、そのとき、西欧に比べ「出遅れていたロシアが南下政策をとり、満州から朝鮮半島、そして日本を虎視眈々と狙っていた……そのため日本は自国の防波堤として朝鮮の近代化を望んだ[105]」と続ける。「朝鮮半島が日本のように富国強兵に成功すれば、ロシアの南下を防ぐことができる」[106]。これが、日本が朝鮮を開国させた理由だったと断じる。しかし朝鮮は国家の体をなしておらず、朝鮮のためにも近代化を望んだが、清の属国であったとAⅱを確認し、一八九四年の農民反乱時に朝鮮政府の要請から清軍が介入した際、「日本も天津条約により朝鮮に派兵した」[107]が反乱鎮圧後の七月、「朝鮮政府は日本と清に撤兵を求めるが、どちらの軍も受け入れず、一触即発の緊迫した状況の中、七月二五日、ついに両国の軍隊が衝突し(豊島沖海戦、二九日には成歓の戦い)、八月一日には、両国が同時に宣戦布告した」とする。朝鮮政府が日本軍の撤兵を、また清国が両国の同時撤兵を求めたことは無視し、日本が撤兵要請を拒否し、七月二三日未明から朝鮮王宮に侵攻・占拠した日本側の軍事行動に全く言及しない。歴史書というにはあまりに粗雑な『国紀』ではなかろうか。

最後に、昨年刊行された『久保田・日本人』をみておこう。「韓国併合への道を振り返る」という節で次のように記述する。日清戦争は、「一九世紀末の時代の変化に取り残された事大主義の中で弱体化していった朝鮮王朝の外勢依存が引き起こした」とする。朝鮮がAⅱの状態であったゆえに「外勢勢力」の日本の武力侵攻を招いた。つまり日清戦争の原因は、外国勢力に依存した朝鮮政府に起因するといわんばかりである。しかし、清国と朝鮮が長年の冊封体制を維持してきたことは両国の安定的な関係を示しており、そうしたなかでも閔氏政権や大院君の下で諸改革が行われてきた経過を看過するわけにはいかない。また、「明治維新後に近代化と自国の安全保障、富国強兵を第一としてきた日本にとって」とAⅰの立場で、「朝鮮半島に拡大した清朝の影響力は最大の懸念材料」

だったとAⅲを想起させ、日本と「清との間での李氏朝鮮の地位確認と権益をめぐる争いから[108]」戦争が起きたとする。これは朝鮮に武力侵攻した明治政府の膨張戦略を正当化するものにほかならない。

おわりに

そして残念ながら、司馬、西尾両氏とその継承者たちの「朝鮮観」を鵜呑みにしたと見紛うばかりの歴史教科書が出現したことも二〇世紀末の特徴であった。戦後における中学あるいは高校の歴史教科書を振り返るなかで検証してみる作業も今後、大事な課題だと思われる[109]。

本稿は日清戦争をめぐる司馬遼太郎氏の所論を「朝鮮先取論」と規定し、それを切り口にして、市井の書店に並んでいた、あるいは現在並んでいる何冊かの論著の朝鮮観、朝鮮論に分析を加えた。今後は、日露戦争、さらには米騒動期と重なるシベリア干渉戦争にまで考察を進める予定である。

註

（1）中塚明『司馬遼太郎の歴史観――その「朝鮮観」と「明治栄光論」を問う』（高文研、二〇〇九年）、高井弘之『誤謬だらけの『坂の上の雲』――明治日本を美化する司馬遼太郎の詐術』（合同出版、二〇一〇年）。

（2）その発足を記念した講演会が同年五月日に開催され、翌月の地元紙「北日本新聞」六月一一日付けに私が講演会当日の様子と研究会の今後の方針などをまとめた一文を寄稿した。

（3）研究会の名称は、当初、「柏原兵三の文学と『長い道』研究会」であったが、二〇一六年四月二九日に開催した公開講座以降、「『昭和の日』記念講演実行委員会」として今日まで続いている。昭和史セミナーの主催はこの実行委員会である。

（4）その準備過程で陸軍の中島今朝吾第一六師団長の陣中日誌を読み解く機会を得た。また、こうしたなかで日中戦争における日本の加害責任に思いを馳せたことも動機となって、この年の一一月から「第一回入善・朝日　平和のための戦争展」を開催した。「戦争展」は翌二〇一八年、二〇一九年と開催したが、昨年はコロナ禍で中止せざるを得なかった。今後の開催のあり方も検討を要するところである。

（5）「第二回入善・朝日　平和のための戦争展」は、二〇一八年一一月二五〜二六日に開催し、記念講演は初日午後に開催した。

（6）法政大学社会学部の愼蒼宇《シンチャンウ》先生をお招きした。講演の演題は「日朝関係から見た『明治一五〇年』」であった。愼蒼宇先生にはその後も入善町に講演に来ていただいている。

（7）本稿では江華島事件から甲申政変までについて詳論はしないが、糟谷憲一氏は、この時期の朝鮮の内政を次のように指摘する。「朝露秘密協定問題や公使派遣問題に示されるように、甲申政変後には高宗や閔氏政権内部から清の宗主権強化政策に抵抗する動きが繰り返し起きた」（『朝鮮の近代〈世界史リブレット43〉』山川出版社、一九九六年、四三頁）。

（8）朝鮮時代の行政は次の八つの道に分かれていた。咸鏡道、平安道、黄海道、江原道、京畿道、忠清道、慶尚道、全羅道。

（9）海野福寿『韓国併合』岩波新書、一九九五年、八九頁。

（10）一八七六年の済物浦条約第五条「日本公使館は兵員若干を置いて護衛すること」。

（11）林董『後は昔の記』時事新報社、明治四三年。中塚明『近代日本と朝鮮　新版』三省堂選書、一九七七年、六一頁。
(12) 加藤文三『日本近現代史の発展　上』新日本出版社、一九九四年、一一〇頁。
(13) 色川大吉『日本の歴史21　近代国家の出発』中央公論社、二〇〇六年、五二六頁。
(14) 同右、五三〇～五三一頁。
(15) 原田敬一『戦争の日本史19　日清戦争』吉川弘文館、二〇〇八年、三〇～三九頁。
(16) 外務省編纂『日本外交年表竝主要文書』(日本国際連合協会、一九五五年)「年表」九二頁、「文書」九〇頁。
(17) 陸奥宗光著／中塚明校注『新訂蹇蹇録――日清戦争外交秘録』ワイド版岩波文庫255、二〇〇五年、三七頁。
(18) 同右、四四頁。
(19) 同右、四六頁。
(20) 注目すべき事項で自由民権運動がもっていた弱点ともいえる。
(21) 前掲『新訂蹇蹇録』四五頁。
(22) 同右、四九頁。
(23) 同右、一二九頁。
(24) 同右、一二九頁。
(25) 同右、一三〇頁。
(26) 同右、一三〇頁。
(27) 同右、一三〇頁。
(28) 前掲『新訂蹇蹇録』一三三頁。

(29) 前掲『日本外交年表竝主要文書』「年表」九七頁、「文書」一〇三〜一〇四頁。
(30) 原田敬一『日清・日露戦争』(岩波新書、二〇〇七年)六三頁。
(31) 前掲『新訂蹇蹇録』五三〜五七頁。
(32) 同右、六四頁。
(33) 前掲『日清・日露戦争』六四頁。
(34) 前掲『新訂蹇蹇録』一三四頁。
(35) 同右、一三四頁。
(36) 同右、一三五頁。
(37) 同右、一三五頁。
(38) 同右、一三五頁。
(39) 同右、一三五頁。
(40) 明治政府は、「朝鮮の独立に抵触する清韓間諸条約は一切廃棄すべし」と朝鮮側に求めた。
(41) 前掲『日清・日露戦争』六五頁。
(42) 日本軍による王宮占領計画に基づくことを明らかにしたのは、一九九〇年代に入って世に出た『日清戦史草案』が初めてであった。この草案の成立・内容については、中塚明『歴史の偽造をただす――戦史から消された日本軍の「朝鮮王宮占領」』(高文研、一九九七年)。
(43) 「読売新聞」一九〇九年七月二九日。
(44) 杉村濬『明治廿七八年在韓苦心録』(発行杉村陽太郎、一九三二年)六〇頁。
(45) 一九六八年に産経新聞の紙上で連載された『坂の上の雲』は、一九七〇年代に入り文庫化された。そしてそれが一九九九年一月に新装版第一刷をへて、二〇一四年七月までに第四三刷を重ねている。また二〇

○九年から三カ年にわたり同タイトルのNHKドラマで放映された。
(46)司馬遼太郎『坂の上の雲　三』文春文庫、一九七八年、一六三〜一六四頁。
(47)同『坂の上の雲　二』文春文庫、一九七八年、三〇頁。
(48)同右、二七頁。
(49)同右、四七頁。
(50)前掲『坂の上の雲　三』一六四頁。
(51)前掲『坂の上の雲　二』四六頁。
(52)同右、四六頁。
(53)前掲『国民の歴史』五〇八頁。
(54)同右、五〇八頁。
(55)同右、五〇八頁。
(56)前掲『国民の歴史』五〇九頁。
(57)しかし直後に「両国ともに古色蒼然たる東夷思想・中華思想に閉ざされていた」と根拠を明示している。
(58)前掲『国民の歴史』五一〇頁。
(59)同右、五一六頁。
(60)同右、五一七〜五一八頁。
(61)同右、五一八頁。
(62)西尾氏は、「──これが明治の征韓論だった」五二二末〜五二三頁とするが、この点について本稿では詳述しない。
(63)前掲『国民の歴史』五二六頁。

(64) 同右、五二六頁。
(65) 同右、五二六頁。
(66) 同右、五二六頁。
(67) 一八八二年の壬午軍乱を指すと思われる。
(68) 甲申政変を指すと思われる。
(69) 前掲『国民の歴史』五二七頁。
(70) 同右、五二八頁。
(71) 同右、五二八頁。
(72) 同右、五二八頁。
(73) 同右、五二八頁。
(74) 同右、五二九頁。
(75) 同右、五二九頁。
(76) 前掲『国民の歴史』四一頁。
(77) 前掲『坂の上の雲』(二) 二六頁 (①アは引用者。以下同様)。
(78) 同右、二六頁。
(79) 同右、二六頁。
(80) 同右、二七頁。
(81) 偶然とはいえ、二〇一九年秋、私たちの地域の一つである朝日町の教育委員会が生涯学習の一環として企画した講演会に選んだ講師が竹田恒泰氏であった。
(82) 前掲『竹田・日本史』二一四頁。

(83) 同右、二一五頁。
(84) 同右、二一五頁。
(85) この書は近代史における郷土史の上で積極的なテーマをまとめたものであり、評価する向きもある。しかし、近代日本の対外膨張戦略については列挙した他の書籍と大同小異である。また、ほぼ同じ執筆陣からなる『米騒動とジャーナリズム――大正の米騒動から一〇〇年』(梧桐書院、二〇一六年)でも、『金澤・70年』一五九頁と同様の見解が述べられている。
(86) 『金澤・70年』六〇頁。
(87) 同右、六〇頁。
(88) 同右、六〇頁。
(89) 同右、六〇頁。
(90) 前掲『国民の歴史』五二七頁。
(91) 前掲『金澤・70年』六〇~六一頁。
(92) 渡辺利夫『アジアを救った近代史講義――戦前のグローバリズムと拓殖大学』PHP新書、二〇一三年、七〇頁。
(93) 同右、七〇頁。
(94) 同右、七〇頁。
(95) 同右、七〇頁。
(96) 同右、七〇頁。
(97) 同右、七〇頁。
(98) 史料紹介:鈴木淳「『雲揚』艦長井上良馨の明治八年九月二九日付け江華島事件報告書(『史学雑誌』

二〇〇二年第111編12号、山川出版社)、中塚明『現代日本の歴史認識——その自覚せざる欠落を問う』(高文研、二〇〇七年)。
(99) 前掲『アジアを救った近代史講義』七一頁。
(100) 皿木喜久『子供たちに伝えたい日本の戦争1894〜1945年——あのときなぜ戦ったのか』産経新聞出版、二〇一四年、二二五〜二二六頁。
(101) 同右、二二五〜二二六頁。
(102) 同右、二二六頁。
(103) 前掲『日本国紀』三〇六頁。
(104) 同右、三〇六頁。
(105) 同右、三〇六頁。
(106) 同右、三〇六頁。
(107) 同右、三〇七頁。
(108) 久保田るり子『反日種族主義と日本人』三三三〜三三四頁。
(109)「新しい歴史教科書」に関して論評や批判本も刊行されていると思われるが、筆者にとっては今後の課題としたい。

参考文献(註にあげた文献を除く)

藤村道生『日清戦争——東アジア近代史の転換点』岩波新書、一九七三年
宇野俊一『日本の歴史26　日清・日露』小学館、一九七六年
明治維新史学会編『講座　明治維新5　立憲制と帝国への道』有志舎、二〇一二年。

大日方純夫「近代日本の戦争と国民統合」（大日方純夫・山田朗編『講座　戦争と現代3　近代日本の戦争をどう見るか』大月書店、二〇〇四年）。

大江志乃夫『日露戦争と日本軍隊』立風書房、一九八七年。

坂本悠一「植民地支配の最前線としての帝国軍隊」（坂本悠一編『地域のなかの軍隊7　帝国支配の最前線　植民地』吉川弘文館、二〇一五年）。

高崎宗司『植民地朝鮮の日本人』岩波新書、二〇〇二年。

加藤文三他『日本の歴史　中　改訂版』新日本出版社、一九七八年。

中塚明『近代日本と朝鮮』三省堂新書、一九六九年。

比較史・比較歴史教育研究会編『黒船と日清戦争――歴史認識をめぐる対話』未来社、一九九六年。

朴宗根『日清戦争と朝鮮』青木書店、一九八二年。

色川大吉『近代日本の戦争――二〇世紀の歴史を知るために』岩波ジュニア新書、一九九八年。

姜徳相論文の紹介

震災時の朝鮮人大虐殺は権力が意図して政策的に仕組んだもの

井本　三夫

姜徳相による実証研究は度々発表されており、二〇一六年二月刊の論集[1]に掲載のものは一三年八月の韓日会議の記録を翻訳したもので、内容的には二〇一四年六月に発表された同氏の論文[2]が最も新しく詳しい。以下では主にその記述により、部分的に同著者の一九七七年の論文[3]を引用する（その際は「七七年論文、〇頁」と付記）。

一九二三年九月一日、午前一一時五八分の強震後、午後二時三〇分には警視庁も炎上し、次々もたらされる報告は「全焼の警察署二五、駐在所二五四……警察力はその機能を失ったに等しし」く（七七年論文、二七九頁）、「宮城前を歩み見れば避難の人陸続として……諸方にて『水は有りませんか』々々と質問をかけられ……跣足の人も随分多く……。今や宮城前に集まれるは無慮三〇万……上野・芝・靖国神社境内に集まれるもの五万乃至一〇万……。これ等の人々にして……飢えを叫ぶ時は……何事が勃発するか[4]」と警視総監赤池は驚き、内務大臣の水野錬太郎をも案内した。水野も驚きの声を上げ「食糧暴動を誘発し、一たび秩序の破壊されるときその患害の波及するところは」先年の「米騒動の比ではない」と言っているところへ、浅草区役所から「七万人集合し、糧食欠乏の為暴動を起こさんとするの情勢」と連絡が入った。

この際、「常軌を逸した非常の決断としての戒厳令の発布が成されねばならない」と水野内相は官邸に帰り、「省員を臨時に招集し……種々協議を」始めた（七七年論文、二八一頁上段）。「問題は単に暴動が起るかも知れないという危機感だけでは戒厳令公布の理由たり得ないし、たとえ発布し得ても食糧難に悩む国民の胃の腑を満足させることができないことにあった。したがって一方では戒厳法の趣旨に合致し、一方に飢餓に瀕した国民の不満をそらすには内乱または暴動を捏造流布……することがもっとも早道である……、その意味で日本国民の偏見と妄像を刺激し、容易に有りそうな事と信じさせるのに朝鮮人暴動説ほど都合のよいものはない」（七七年論文、二八一頁末〜二八二頁）。

震災時の内相水野錬太郎と警視総監赤池濃は、三・一運動が起こったときの朝鮮総督府の政務総監と警務総監、つまり三・一運動弾圧の最高責任者であり、東京府知事宇佐美勝夫も朝鮮総督府の内務長官であった。三・一運動弾圧は（朴殷植著・姜徳相訳注『朝鮮独立運動の血史』（東洋文庫、一九七二年）によれば）死者七五〇四人・負傷者一五九六一人・被囚者四六九四八にも達した。中国のいま朝鮮族自治州になっている間島（延辺）は、併合前の義兵戦争の者たちが籠った所だったので、三・一運動が起こり上海に臨時政府ができると元気づいて武装闘争を再開し、影響が沿海州一帯に及んだ。『西伯利《シベリア》出兵憲兵史』（憲兵司令部編、一九二八年）で最も勇敢に抵抗したと書かれているのも、日本人皆殺しの尼港《にこう》事件の主勢力も朝鮮人ゲリラだった。したがって日本軍は、その拠点である間島に攻め込んで殺戮の限りを尽くした。主権を持つ中国政府からの損害賠償要求書には、死者三一〇三名、捕縛者二三八名、強姦七六名、焼家二五〇七戸、焼かれた学校三一、焼かれた教会七棟とある。そして震災時の日本では、この間島作戦時の朝鮮駐屯軍司令官大庭二郎が筆頭の軍事参議官、三・一運動時の憲兵隊司令官石光真臣が第一師団長、シベリア出兵軍の高級参謀武田額三は野重砲第七連隊（これが市川江東地区での朝鮮人虐殺を始める）の連隊長で、三・一運動時の京畿道揚坪憲兵派出所隊長だった甘粕正彦が、大杉栄・伊藤野枝と甥の子供まで殺すことになる。朝鮮・間島・シベリア侵略の当事者たちで固めていたのである。

前述のように水野内相・赤池警視総監らは、飢餓に瀕した国民の暴動方向を逸らし、戒厳法に合った手段として、朝鮮人暴動という妄像を捏造流布するほど都合よいものはないと、その一日の夜半に戒厳についての勅令を起草、二日（午前八時頃）に閣議決定し、午前中に摂政の宮（後の昭和天皇）の裁可を得て緊急勅令三九八号として、戒厳令を二日午後発表した。水野は敵は朝鮮人とはっきり言っており、内務省警保局長後藤文夫の電文も「朝鮮人ハ各地ニ放火し、不逞ノ目的ヲ遂行セントシ、現ニ東京市内ニ於テ爆弾ヲ所持シ、石油ヲ注ギ放火スルモノアリ……既ニ東京府下ニハ一部戒厳令を施行した」と極めて具体的で、その起草は二日朝と見られる。

二日午前一〇時頃、「昨日来ノ火災ノ多クハ不逞鮮人ノ放火又はノ投擲ニヨルモノ」との流言が急に拡がり出し、警察官が「朝鮮人は殺しても構わないと二日午前一〇時頃から触れ回っていた」との多くの証言がある。「二日午前一〇時市ヶ谷士官学校……に『不逞鮮人来襲すべし』との掲示が出され、同時刻巣鴨付近で『官服着用の警官が来て』『井戸に毒を投ずるものがあるから注意せよ』と風評を立て、茗荷谷で『学校を中心に放火掠奪を擅《ほしいまま》にする不逞の徒がある』との謄写版の刷物を」役人・警官が配布している（七七年論文、二八三頁、上段末数行）。当時朝鮮人は関東一円に二万人しかおらず、殆どが工事現場とともに消えて、日常見られない状況だったので、それが「放火した」、「井戸に毒を入れた」などという流言が自然に現われるはずはなかった。

また、突然「町のおっちゃん」が人を殺せるものではないので、形成された自警団なるものも中核は、在郷軍人など既に朝鮮・間島・シベリアで朝鮮人敵視教育を受けてきた者で形成されたと思われる。そして実際には戒厳軍が殺戮を主導したのであるが、途中で官憲犯罪であることは隠蔽すべきと気付き、水野内相は惚けに変わった。鮮人暴動の「流言蜚語がどこからともなしに行われているとのことであった……場合が場合ゆえ結局戒厳令を施行するよりほかあるまいということに決した」と言うようになり、自警団による殺害として残されることになった。例えば「下野新聞」（九月六日）は「東京府下大島附近は、多数の鮮人と支那人とが空家に入り込み、……又社会主義者は、市郡に居る大多数の鮮人や支那人を煽動……」と書いている。

加藤直樹と山田昭次のラジオ番組での対談「『関東大震災』もうひとつの記録(6)」では次のように語られている。実に残酷な殺し方をした。竹やりで殺したり、火の燃えている中に投げ込んだり。女性に対する殺し方は更に残酷だった。……しかし反対の例もある。千葉県東葛飾郡法典村丸山部落の農民たちは、二人の朝鮮人と日常的に付き合っていたので、他の部落から殺しに来た時には朝鮮人を守った。小さな工場などでも工場主が平素から一緒に働いている朝鮮人をかくまった。生活の中で「人間同士」と感じていれば、偏見など吹っ飛んでしまうものなのである。

震災の年の年末の国会で二人の代議士が、朝鮮人に謝罪しないのかと質問し、首相の山本権兵衛は「目下調査中」と答えたが、その後、調査も謝罪もない。戦後の池田内閣期にも、共産党議員の質問に対しても首相は「寡聞にして存ぜず」と答えたきりである。日本の支配階級は「朝鮮人の暴動」という捏造宣伝で相互不信を拡大し、それを除いていない。以上のように、日本の支配層の意図的捏造宣伝がなければ、全く起こらなかった権力犯罪であるから、この事件を日本民衆の行為かのように言うのは全くの誤りである。

註

（1）姜徳相ほか『関東大震災と朝鮮人虐殺』論創社、二〇一六年。

（2）『大原社会問題研究所雑誌〈特集 関東大震災90年——朝鮮人虐殺をめぐる研究・運動の歴史と現在⑴〉』六六八号、二〇一四年六月。

（3）前掲『関東大震災と朝鮮人虐殺』。

（4）赤池濃「大震災当時に於ける所感」（警視庁警務部教養課編『雑誌 自警』大正一二年一一月）。

（5）「水野錬太郎談話」（東京市政調査会編『帝都復興秘録』寶文館、昭和五年）。

（6）「加藤直樹×山田昭次『関東大震災』もうひとつの記録」（ＴＢＳラジオ「荻上チキ・Session22」）

四方《よかた》町（富山県）の
大海食・神通川東遷による悲劇

井本　三夫

序章　中世岩瀬湊は四方《よかた》沖

　筆者は『北前の記憶[1]』『水橋町（富山県）の米騒動[2]』などで富山湾沿岸、ことにその東半の町々について書いてきたが、補わねばならない事が二つあった。一つは第一次大戦末「米騒動」がこの地帯から始まったと言われてきたのが誤りだったことで、それについては『米騒動という大正デモクラシーの市民戦期――始まりは富山県でなかった[3]』を上梓し、本書の巻頭近くにも「「米騒動」はなぜ富山から始まったと間違われたか」を書いたので、それを見て頂きたい。

　もう一つの補わねばならない課題は、富山湾には日本海の深海構造が奥深く入り込み、海山ともに急峻なため、海岸大浸食・神通川移動が繰り返され、今日は富山市に含まれている四方町地域の変遷が、極めて特色的だったことである。日本列島を折り曲げるフォッサマグナの構造線が、富山県東端部を通っていることは、東ほど山が海に迫って「親知らず」の関に至ること等で間接的に触れてきたが、他にも似通った問題が二つある。南側も日本アルプスの山崩れ・洪水などで神通川が転流を重ねることと、深海構造が富山湾には奥深く入り込んで海底もまた急峻な上、いわゆる「寄

図１　日本海の海底構造

大和海嶺・大和海盆・富山舟状海盆（深海長谷）・
佐渡北方海域の海底の景観（茂木昭夫氏による）

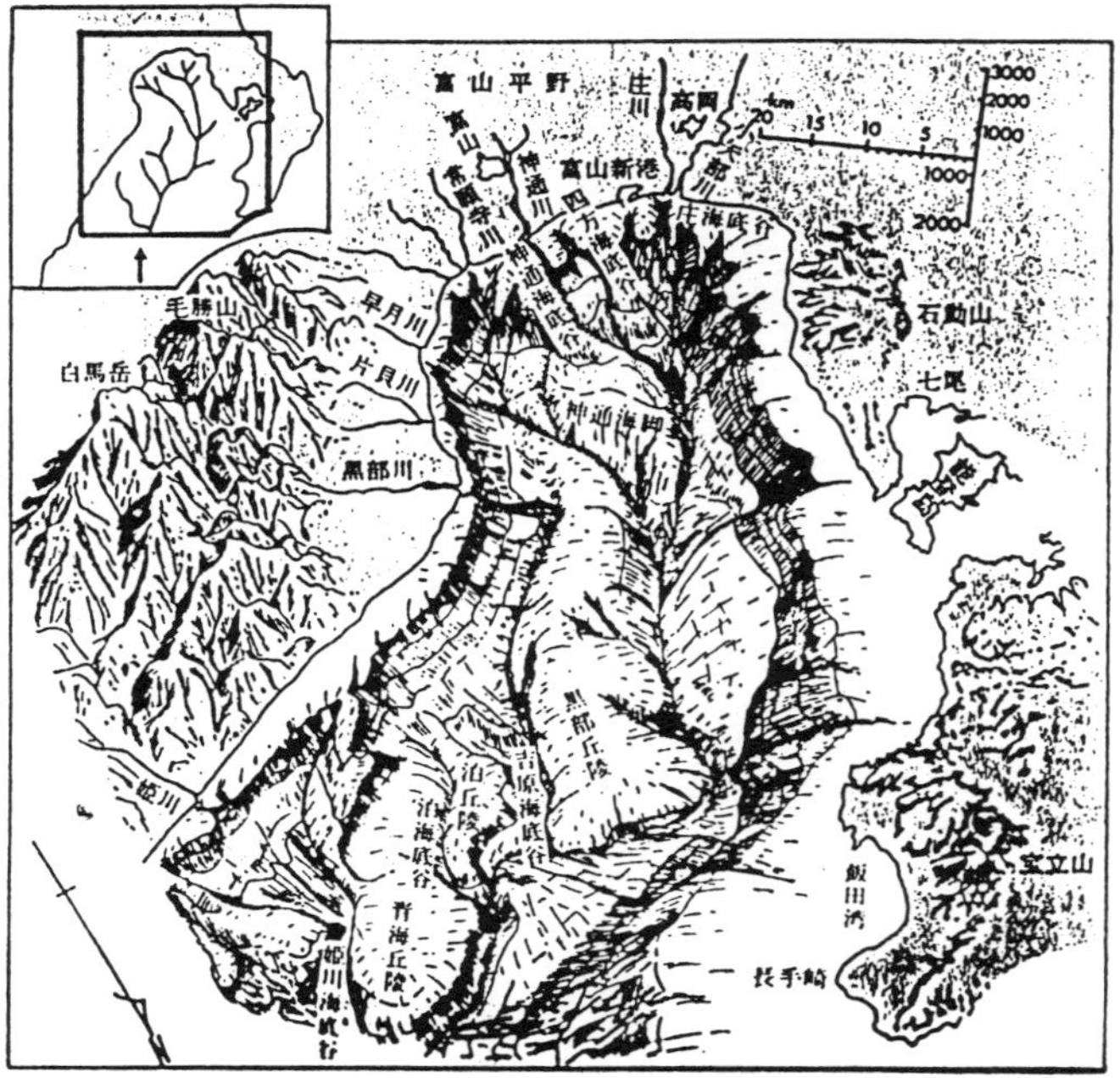

富山湾の海底谷と周辺陸上の地形
（茂木昭夫氏による）

図２　各季節における富山湾の平均的な流動状況

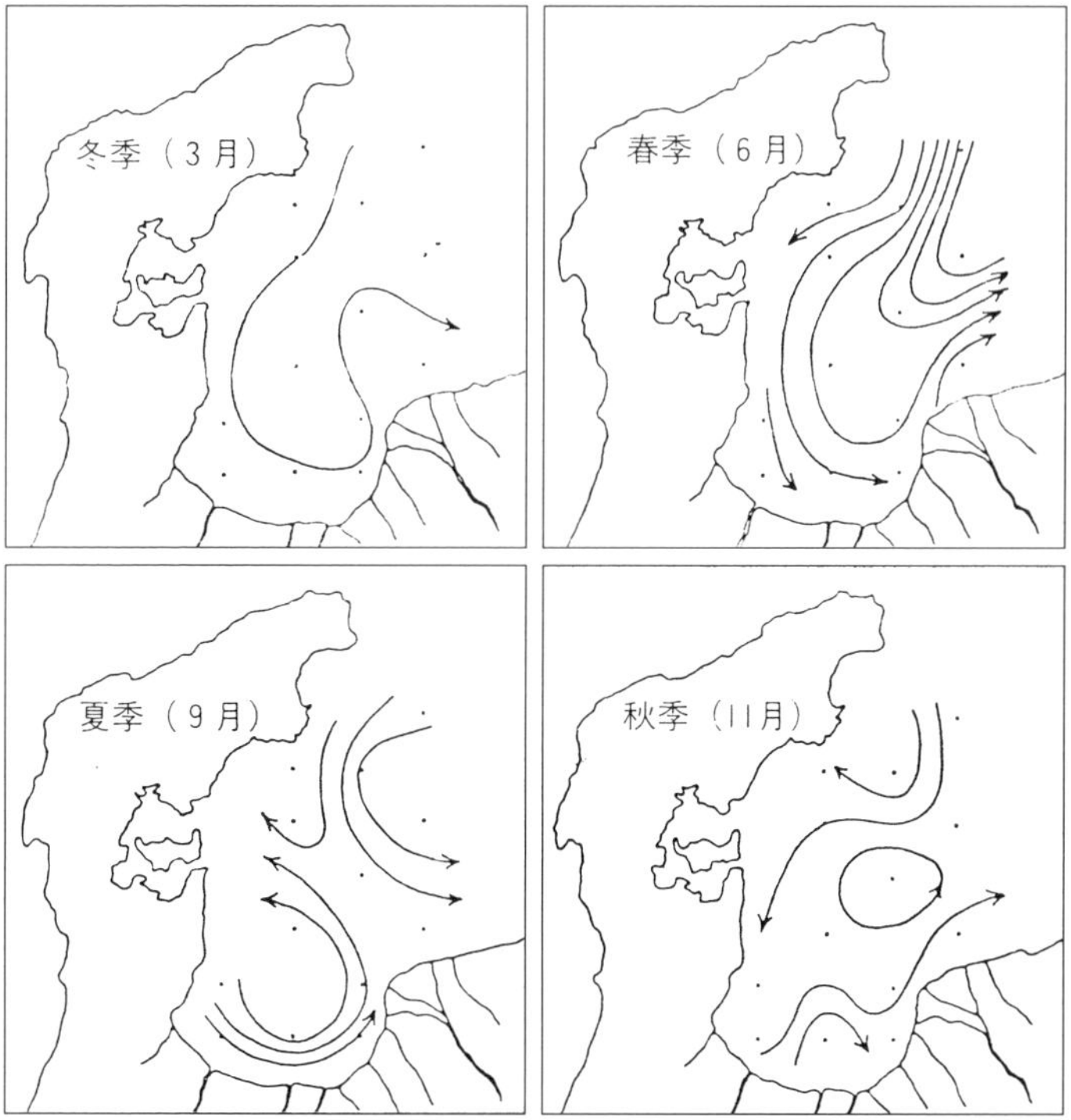

図３　寄り回り波の発生過程

北海道近辺で発達した低気圧が存在

↓

強い傾度風が長時間吹送

↓

北海道西方海上で波浪発生

↓

波浪がうねりとなって南南西へ

↓

日本海から富山湾の奥までは深海域

↓

うねりは減衰されることなく富山湾沿岸へ

図4　富山湾等深線図（水路部　6060）

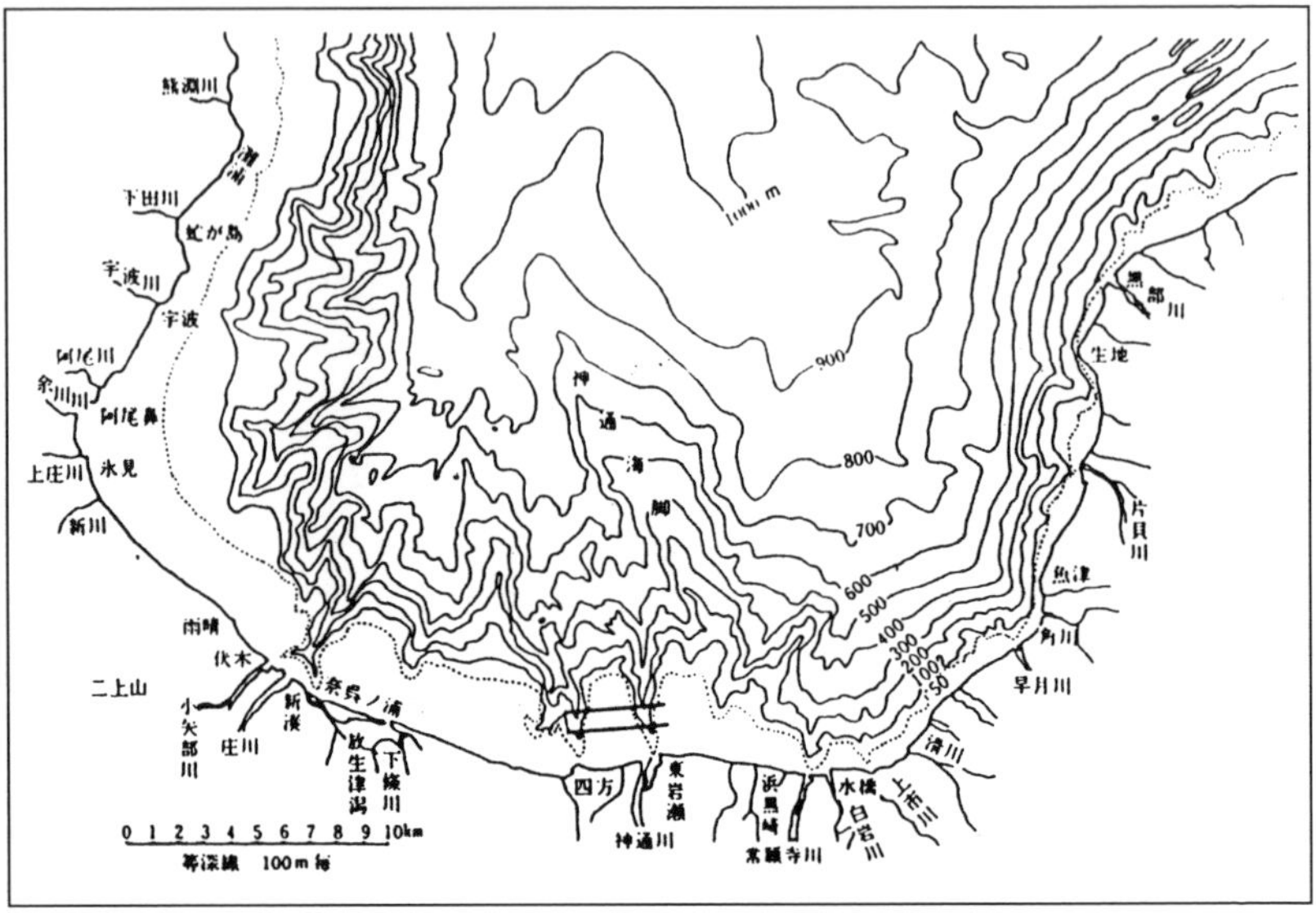

り回り波」のため、海岸線の大浸食が繰り返されてきたことである。筆者がこの問題に気付いたのは、古川知明らが富山市埋蔵文化センターのグループが千葉元（富山商船高専）の協力で行った音波探知による海底探査による成果[4]を知ったからであるが、それには前史もあった。

戦後すぐ富山県は海食対策のために調査を実施して図4のような等深線を知り、田山利三郎・佐野義久[5]らの研究により打出・四方から西岩瀬の海岸線が大きく後退していたことを、海禅寺（西岩瀬）の絵図や打出沖の樹根から指摘している。航空写真による神通川流路復元図も、図5のようにすでに掲載されていた。[6] この図を見ると神通川は現在の位置であるⅥまで五回も主流が変わっており、Ⅰは打出と思われるので、そもそも四方の西側を流れていた川ということになる。富山湾固有の「寄り回り波」の被害についても吉田清三(7)の研究がある。

　古川知明・千葉元らの音波探知による海底探査で、足洗《あしあら》では四五〇メートル沖に幅一〇～一五メートル、延長三〇メートルの帯状の礫群が存在し、四方《よかた》の一五〇メートル沖では幅三〇メートル、延長二三〇メートルのそれと六個の四角い切石（一二〇センチ×八〇センチ）が点在しているのが発見されており(8)、かつての海岸線の護岸壁の崩壊物であると想像されている。四方では更に漁港沖三〇〇メートルにも五輪塔らしい物体や樹根らしい物複数が確認された(9)。

　このような大海食の原因は海底谷もまた、フォッサマグナによる地上の山岳同様に図1のように急峻で、土砂を大量に吸い込むためと思われる。いつも西側から消えてゆくといわれるのは、海流が図2のように能登半島に沿って回り込むためと思わ

図5　神通川河道・変遷

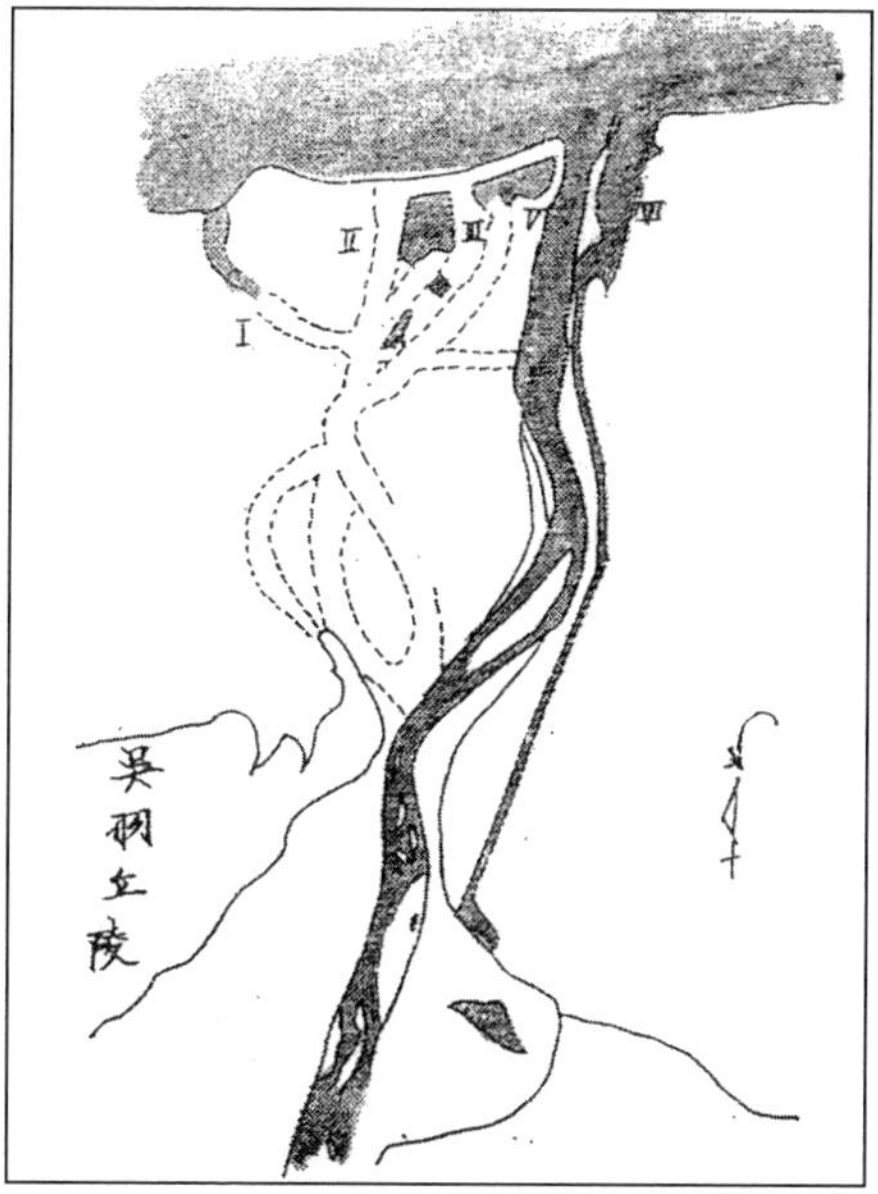

（富山地学会長石井逸太郎「富山湾海岸地帯の地域調査」『富山湾海岸浸食調査報告』非売品、昭和27年5月、県港湾課長堀内陸郎）

れるが、「寄り回り波」という富山湾固有の高波による破壊も加わっているという。図3のように、北海道あるいはその東方海上に発達した低気圧があって、北海道西方海上で高波が発生するが北からの強風で、日本海の深海域を伝わって減衰せずに、富山湾まで達するという。

このような「寄り回り波」と海底谷への吸い込みで海岸浸食が最も激しく同時に神通川主流が東遷を繰り返したのが、今日では富山市に含まれている四方町地域である。その西端の打出浜は延期式・主税式に「石瀬《いわせ》のわたり」と記され、泉達録に数千軒の大港だったという。文治二（一一八六）年源義経が東国落ちの際は「十一《とい》屋に宿せり」と『婦負郡志』にあるが、十一屋は西岩瀬の旧家である。したがって中世までは、打出から西岩瀬までの広い地帯全体が一つの「石瀬《いわせ》」という言葉で呼ばれていたのである。

しかしこの打出〜西岩瀬の「石瀬」を、大伴家持の名歌（『万葉集』一九巻四二四九）

　伊波世野に秋萩しのぎの馬並《なめ》めて　初鷹《とかり》狩だにせずや別れん

の伊波世野と見ることはできないであろう。家持には新河郡の延槻《はひつき》河（滑川・魚津間の早月川）を渡った際の

　立山《たちやま》の雪し消《く》らしも延槻の川の渡り瀬あぶみ漬かむも

という天平二〇（七四八）年春の歌（『万葉集』一七巻四〇二四）もあるが、それらは家持が越中国守

として赴任して間もなく越中全体を巡回した時の歌であるのに対し、「伊波世野」の秋萩の鷹狩を詠んだのは、越中を去る天平勝宝三（七五一）年の別離の宴だからである。したがってその「伊波世野」は、今は高岡市に属する庄川沿いの石瀬であることはほぼ確実である（今日、高岡市には野村小学校・石瀬向陵高校・野村石瀬野郵便局の前の三カ所に、その歌碑がある）。したがって西岩瀬はおろか、そこからの移住で生まれた「東」岩瀬の諏訪神社に、家持のその伊波世野の歌碑が立てられているのは、全くの見当違いという他ない。

しかし問題はなぜ富山県にはこう、石瀬・岩瀬という地名が多いのか、ということである。氷見市にも岩ヶ瀬・岩瀬という所がある。そして高岡の「石瀬」は庄川の、氷見市の岩ヶ瀬も上庄川の河原沿いである。打出〜西岩瀬の石瀬と共通なのはみな水辺にあることである。したがって石瀬・岩瀬という言葉は本来、河川氾濫や海食に備えて石・岩を積んだ護岸壁一般を意味する普通名詞だったのではないかと思われる。実際、古川知明・千葉元らの海底探査で沖に発見された帯状の礫群は、幅一〇〜一五メートル、三〇メートル幅で一〇〇メートル・二〇〇メートルと続き、かつての海岸線の護岸壁の崩壊物であろうと指摘されている。

「中世岩瀬湊は四方沖」と大書して二〇〇四年九月一〇日の「北日本新聞」も大略、以下のように報じている。富山市北部で中世に栄えたとされる越中岩瀬湊を調査してきた同市日本海文化研究所のグループは平成一四年から三年に亘る、海底探査をはじめ考古学や古地理・伝承・絵図などの総合的調査の結果、その場所が四方付近であろうとの報告をまとめた。

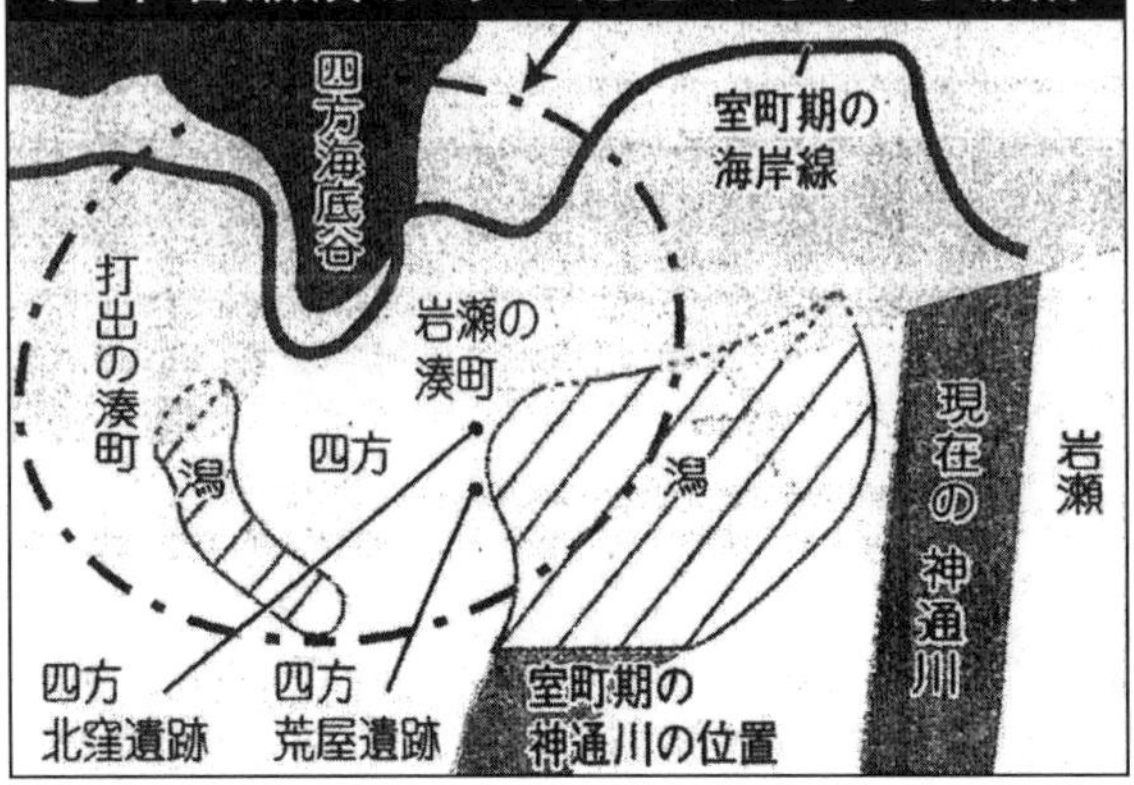

越中岩瀬湊があったとみられる場所

四方漁港沖三〇〇メートルの地点に江戸時代前期の護岸と見られる切石の点在を発見し、少なくとも同時期までは陸地だったことを確認した。周辺の寺社の伝承記録や四方海底谷など地形分析から、中世の海岸線が現在より一キロ以上沖にあったことや、神通川が現在より西側に位置し、河口に大きな潟が形成されていたことが判った。

四方周辺には中世の遺跡が一〇カ所余り存在し、室町時代の四方荒屋遺跡や四方荒屋から国内外の陶磁器や大規模な屋敷跡が見つかっていることも、交易で富を築いた有力者の存在を窺わせ、湊町の性格が推定される。四方海底谷が形成した入り江が港湾機能、潟が舟の碇泊・待避の場所を提供し、入り江の両岸の岩瀬と打出に湊町が栄えていたのであろう。

現在は富山市内に含まれるこの四方町は、筆者の父祖の地で、母の両親すなわち筆者の祖父・祖母の家系は、それぞれ四方・東岩瀬の北海道・カムチャッカ通いの廻船商人・漁場師であった。そのため筆者は母から、子供時代以来その関係の話を聞かされて来た。筆者が前記の『北前の記憶』を書き、北前船と裏腹な米騒動の研究に関わったのもそのせいなのである。しかし母はそれらの話をしながら、途中で必ずと言っていいほど泣きだすのであった。不思議に思っていたところ、彼女の父すなわち筆者の四方の祖父は持ち船の難船を機に自死したのであったことが、親戚にまで隠されていたことを後に知った。調べて見るとそれは四方町が、前述のように海食と神通川東遷を繰り返したため、港としての性格を失って海商として不利な条件に置かれていたためと判った。したがってそのような条件に置かれた四方町の歴史を書くことは、祖父の霊を慰めることにもなろうと思うようになった。

前記『北前の記憶』『水橋町の米騒動』は（東）岩瀬・水橋が中心であったから、今回この四方町周辺（打出～西岩瀬の間）について記すことは、欠けていた部分を補うことにもなろう。筆者の家族史になる部分もあって恐縮だが、北海道・北洋通りの回船商人の生活がどんなものであったか、富山湾沿岸の生活がどんなものであったかの、詳細な記録を残すこともできるので書かせていただくことにする。

第一章　近世中期までの打出～西岩瀬地域

1　近世以前の神通川・石瀬《いわせ》と、四潟村という命名(10)

天徳二（九五八）年に打出の浜に建てられた海禅寺は海岸浸食のため、西岩瀬の石の鳥居というところに移ったが、それも今は諏訪神社の北の海中となっている。当時の西岩瀬は、今より半里も海中に突出し潟を抱く良港だったという。文治二（一一八六）年の源義経の東国落ちの際は、打出の下須川の雨水が高くて渡りかね、燕野に休んでいるが、打出が三千軒もある大港だったというのは、当時の神通川主流が下須川だったからであろう。

室町時代に成立したとみられる最も古い海事商法「廻船式目」には、三津（伊勢姉津・博多宇津・泉州境津＝堺）とともに日本海側の七湊として、越前三国・加賀本吉・能登輪島・越中岩瀬・越後今町（直江津）・出羽秋田・津軽十三湊が挙げられている。ここに越中岩瀬として挙げられている打出～西岩瀬の間の沖、すなわち今日の四方の沖が中世には日本海側屈指の大港だったことが判る。

古川知明らの二〇〇三年前後の発掘で、北窪の一三～一五世紀と荒屋の一四～一五世紀の遺構も

図6　天正期越中国地図

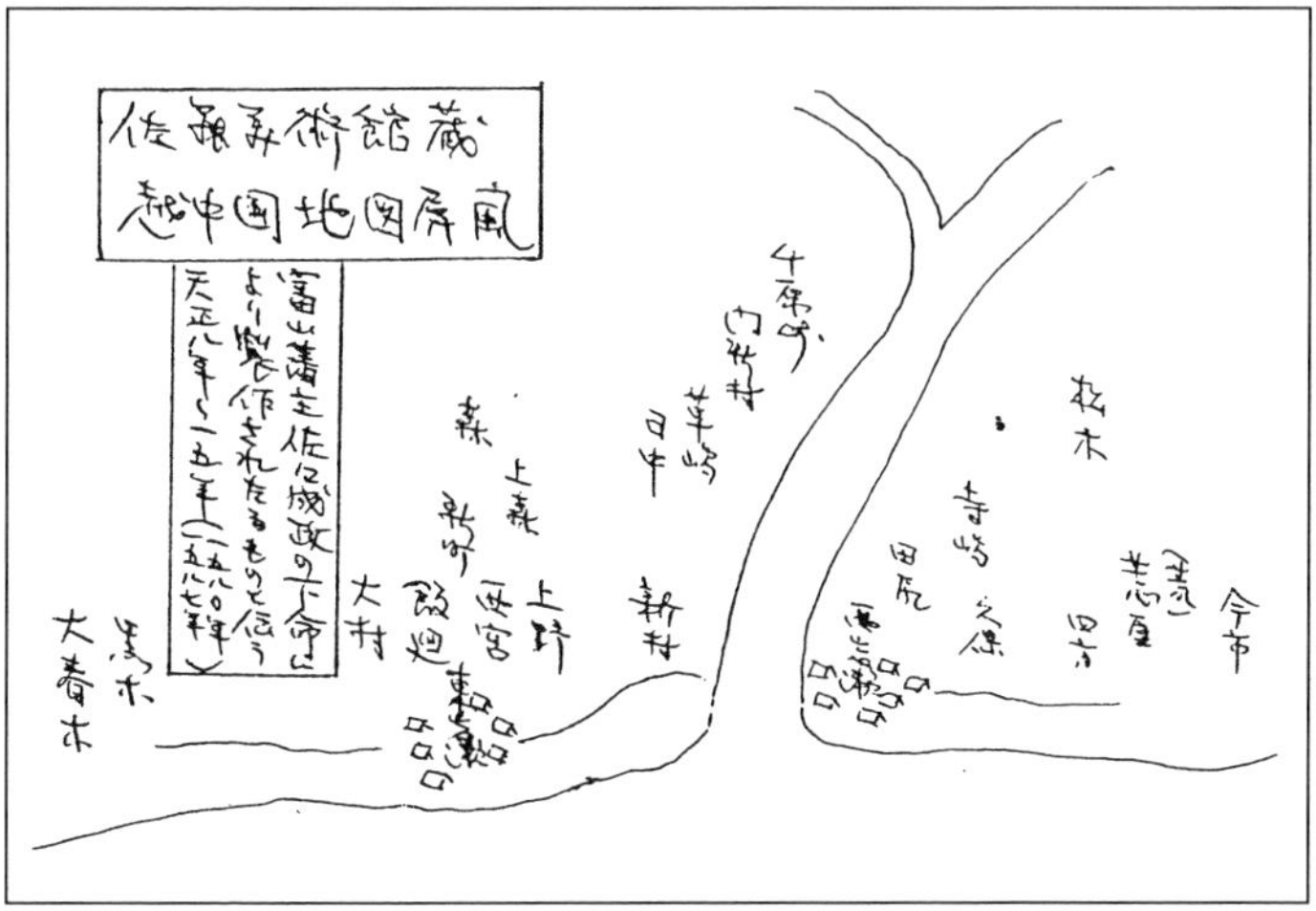

発見されている。図6に見るように荒屋は四方より南だから、西岩瀬を流れていた時期の神通川主流のやや上流だったのであろう。足利時代の守護桃井氏が依った岩瀬城が西岩瀬の海禅寺の地だったらしいのは、神通川主流を扼する地だったからであろう。中世後期の天正八（一五八〇）年の洪水で神通川主流が東に（現在の彦助潟の位置まで）動いたと謂われるが、天正八〜一五年（一五八〇〜八七年）に描かれたという図6を見ると、神通川はまだ草島の西側を流れており、東岩瀬は村落程度である。

四方という地名は、打出から神通川まで続く「石瀬野」のなかになぜ生まれたのであろう。『婦負郡誌』にある栂野家旧記によると、天正年間（一五七一〜九一年）に移って来た者の子孫が栂野家を名乗り、今川義元の旗将の左兵衛督平がそこへ婿に入ってから漁業を始め、家来を漁夫とし近隣農家の次三男をこの地に分家させて二十余戸にし、四つの潟が

図7　四方町民の出身主要村落（幕末）

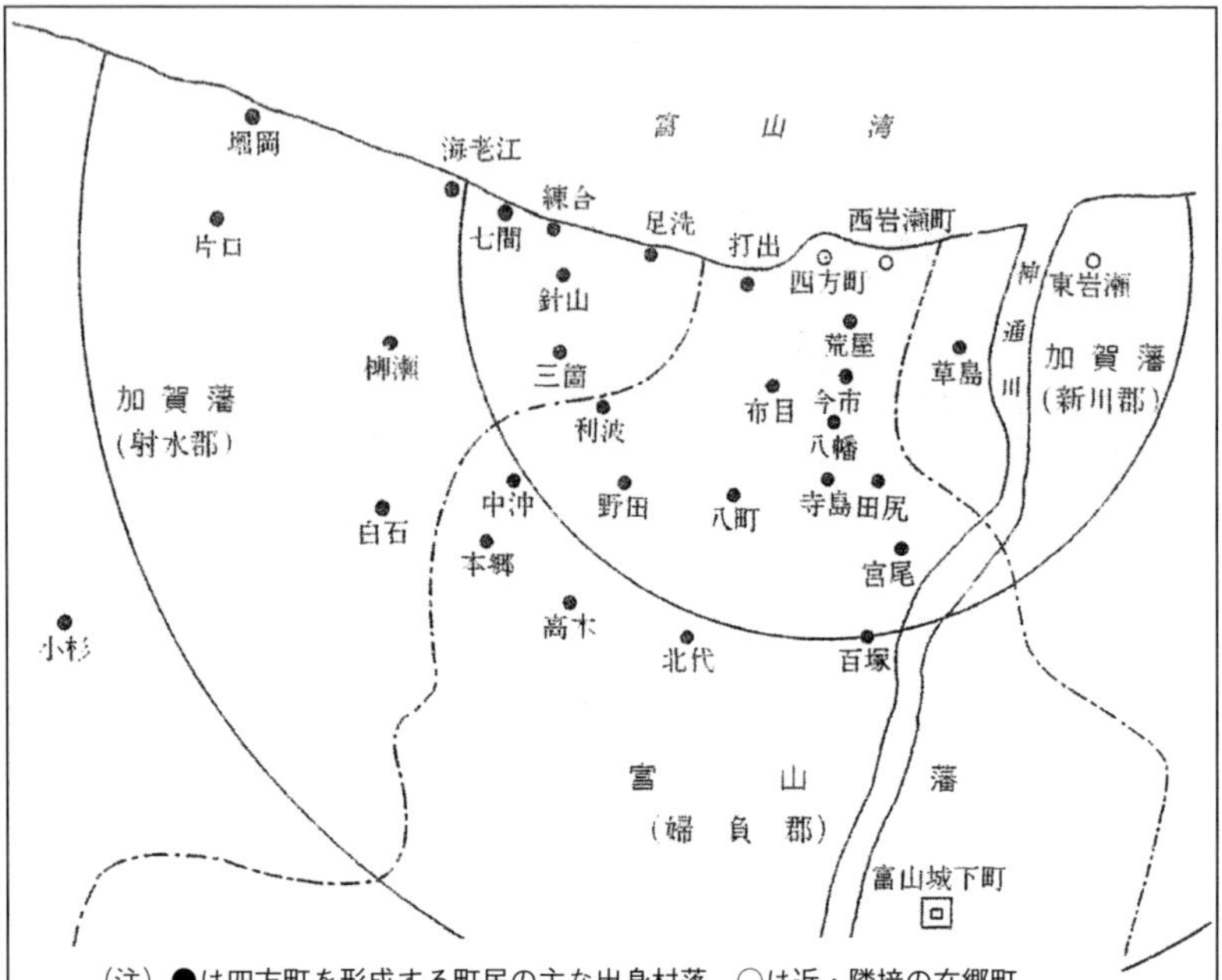

（注）●は四方町を形成する町民の主な出身村落、○は近・隣接の在郷町、
弧線は四方町を中心に半径4㎞、8㎞の近・隣接村落分布圏を示している。

あったので四潟と名付けた。元和三（一六一七）年頃という⑾。それが四方と書くように習慣化したのだから、「石瀬野」と呼ばれていた地帯に潟が多かったので、戦国期末になってそう呼んだにほかならない。これで判るように、近世初期にはまだ四つの潟を数えるほどに砂州が拡がっていたのだが、それがやがて図8のように減り、更に近代のように全くそれを失うに至るのである。

図８　西岩瀬と四方（貞享年中〔1684～87〕の四方と西岩瀬を描いた絵図『東岩瀬史料』昭和８年）

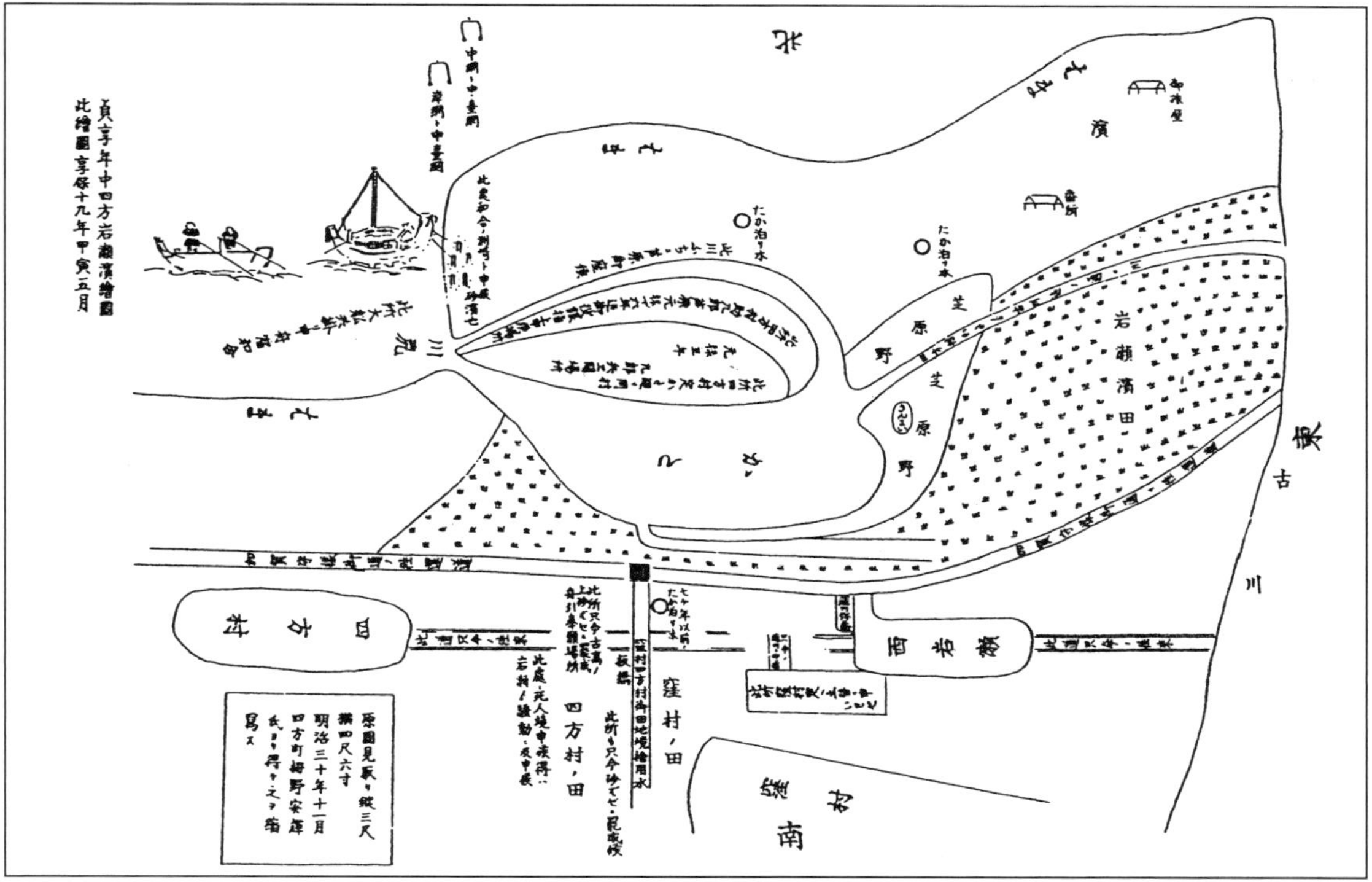

2　海食と神通川東遷で東岩瀬へ移住者

近世前期の状況については深井甚三の研究[12]から引用しよう。慶長期（一五九六～一六一四年）の西岩瀬は無田地だが廻船業も脆弱で、それを佐々氏から受け継いだ加賀藩は直轄地にはせず、家臣への知行地にしていた。漁業への依存度が高く、土豪的住民の住み着いている中世的な街並みの湊町だったようである。外海船一二艘が、秋田・津軽・松前へ米を運ぶようになったのは、直轄地に組み込まれた慶長四（一五九九）年以後のことと思われるが、慶長一四（一六〇九）年に神通川の流路変更で南側の窪村に移住したことが、その前田利長の書状でわかる。当時の西岩瀬はまだ「西」を付けず「いわせ」とだけ呼ばれている。徳川の制札所で米倉・塩倉・味噌倉・唐津倉や移品の倉が並び、主な移出品は売薬・米、八尾の干し柿など、移入品は塩・砂糖・陶器類で、能登からの木材・石材・薪炭もあった。殊に塩は飛騨に送る分まであったので「塩方」と呼ばれる役人がいて（塩倉は後に海中に没したが）、伝馬船で神通川を遡らせ、蟹寺（猪谷村）に塩役所、八尾に塩問屋を設けて飛騨行きを扱わせた。陶器類も飛騨まで運ばれた。

寛永一六（一六三九）年に前田氏が富山に支藩を置くに当たって、婦負郡をその治下とし、延宝二（一六七四）年五月に有力家系・資力者を選んで六人の十村役と一六人の長百姓《おさ》に任じた。萬治元（一六五六）年の大洪水で東側の流れが本流化し、西岩瀬の湊機能が低下したので、東岸の東岩瀬へ移るものが増えた。それでも寛文七年六月（一六六七年）に一六三軒・八五〇人[13]、寛文中期に一九三軒・八六〇人[14]で、富山藩で唯一芝居小屋があるのが西岩瀬であった。

藩は寛文九（一六六九）年に、東岩瀬との間に在る草島村の古川を開削して運河を通した。図8は、左下部分に書いてあるように四方の栂野家にあった絵を明治三〇年一一月に写したものであるが、左上部分に書かれているように享保一九（一七三四）年に写した貞享年間（一六八四〜八七年）の絵である。神通川が二俣川となり、主流が東岩瀬側に移ってからのもので、西岩瀬は高波被害を避けるためかなり南へ移っているが、藩の役人などが見回りに来たときのための御旅屋や番所は北の浜に残され、そこと西岩瀬との間に濱田や潟（元禄期に一部干拓されていると記載）があり、それ等を通って古川から運河で、四方側へ出られるようになっている。古川は荷を降ろした後なら、まだ四、五百石積みの船も入れたという。

3　西岩瀬の、宗藩領の東岩瀬への従属と機能低下

対岸で発展し始めた東岩瀬が加賀宗藩の領域であるため厄介が多かった。宝永二（一七〇五）年に西岩瀬の塩屋彦衛門が鳥ヶ淵岸の漁場を願い出て一一月に敷網を下したところ、加賀藩領の東岩瀬が反対を申し出て牢に入れられ、一二月に打首となった[15]。富山藩にはかなりの美術品までやける丸山焼という釜があったが、宗藩の九谷焼の販路の邪魔をせぬようにと禁止されてしまった。葦の間

に落雁の佳景の地と言われ、藩主の鯔捕獲の遊覧地で殺生禁断の筈だった古川尻でも、十一屋《といち》彦助の斬首まで起る。十一屋は代々「町年寄り」「肝煎」など長役を務める家柄で、西岩瀬の網場の八分までを持っていたため、加賀宗藩に属する東岩瀬との漁場争いが重なった。論争での申し開きが説得的に出来ず、宗藩に面目が立たなかったと富山藩側の役人が彦助を斬ったので、彦助潟と呼ばれるようになった。

コラム記事：十一屋の子孫は明治に北海道へ移ったという。『江差』[16]という本の「会社・商店」の切石町の項に、「十一屋、岩瀬庄右衛門。清酒の醸造販売を主たる営業と為し、兼ねて味噌醤油及び〝越の雪ゆかり〞と称する菓子、並びに海産物販売す」とある。また『江差町史　第六巻』にも岩瀬庄右衛門(嘉永六年生まれ、大正元年没)の汽船会社の取締役などでの活躍が記されている。四方町の長福寺の境内には「明治一九年建立　十一屋庄右衛門之墓」が残っていて、台座の左右に岩と瀬が一字ずつ彫ってある。江差へ移った庄右衛門が襲名し、父親のために建てて行ったものと思われる。

文化五（一八〇八）年西岩瀬の藩内浦方の持船[17]は、

渡海船　二〇〇石積み二艘、一五〇石積み二艘、一三〇石積み一艘、七〇石積み二二艘、

計二七艘、漁船四〇石積み筒舟二艘、

と小型化し、古川による近海・河川交易に限られてきていることがうかがわれる。

海禅寺蔵の「西岩瀬町絵図」図9で見ると、様相は著しく悪化している。同寺はこの絵では西部

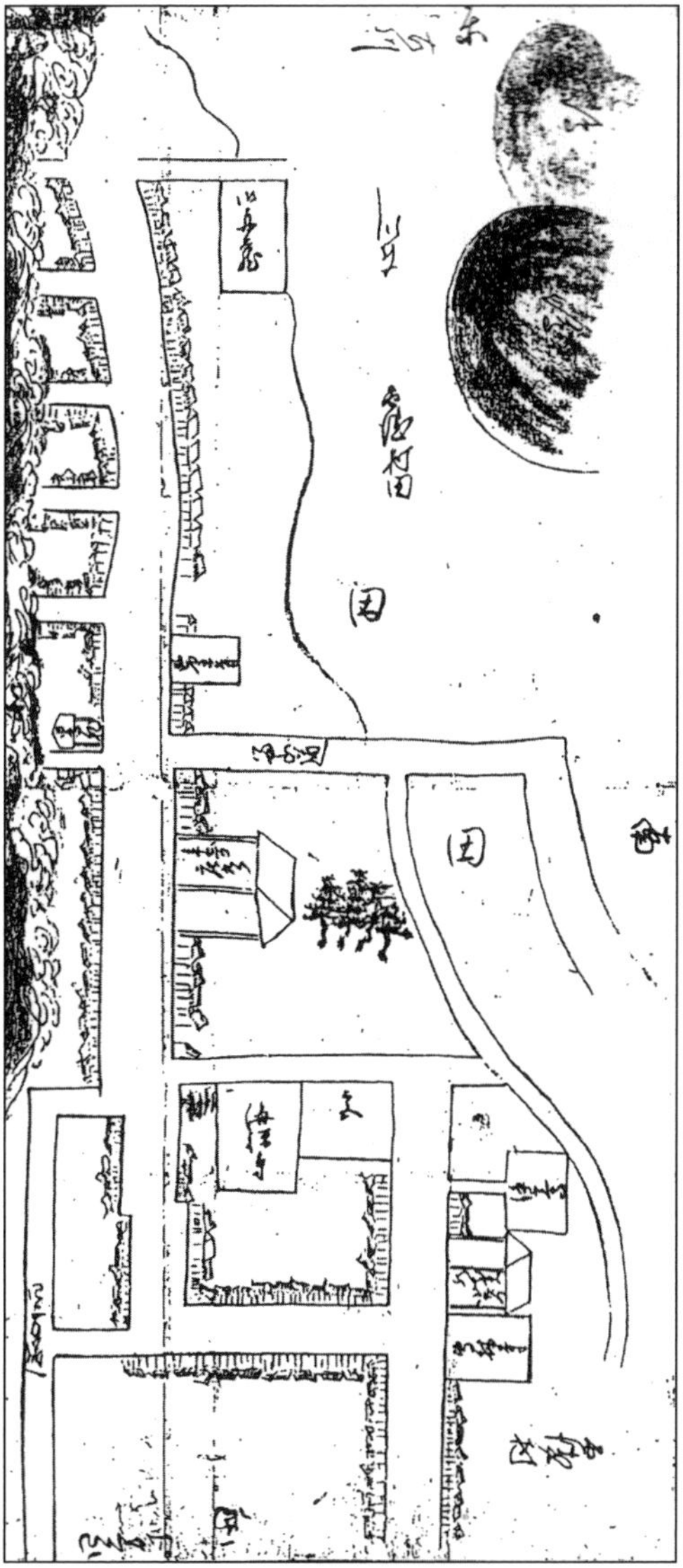

図9　海善寺蔵「西岩瀬町絵図」

に存在しているが、元禄八（一六九五）年に図外へ移転しているので、この絵はそれ以前に描かれたものと判る。貞享年間に描かれた図に在った濱田が無くなって寺の前の通りが波うち際に近いので、描いた目的自身が危険を訴えるためでないかと思われてくる。海岸通りの西端に四方と書かれ、東端に古川と「御舟蔵」があるが、それに近い道の両側に小さい家が沢山描かれているのは漁民や水《か》主《こ》が住んでいるのであろう。海側に四本の小路が並んでいる西端に「御高札」が立っていて、その正面から南へ「富山道」が伸びている。その東側に大きな家が描かれ「年寄庄九郎」とあるのが十《と》一《いち》屋で、その並びに海禅寺がある。そしてその南側に「肝煎小右衛門」、それを挟むように専林寺と浄土寺がある。

　このように海没・神通川洪水で窪村に後退せざるを得ず、湊町の機能を失い塩倉はその海中に没し、寺社の移動、家々の衰退が語られて、かつての石瀬は「西」をつけて西岩瀬と呼ばれるようになった。海岸は跡形もなく削られて旧跡はほとんどすべて海中となっている。往古から「諏訪の森」として航海業者の目印とされて来た諏訪神社の老樹は一部だけが残っているが、就中幹周り二丈、高さ三〇メートルの大欅を見上げ、その五〇メートルの樹冠にムササビが飛ぶのを見ていると、その盛期の姿が偲ばれる。

4　四方は漁業、城下への魚類供給で成立

四方という地名は前記のように、「石瀬」野の一画を戦国期末に四潟と名付けたことに始まる。その近世を田中喜男の研究[18]で見よう。富山藩は寛文一二（一六七二）年に米の輸出法を定め、一二月には四方から初めて米一万一二六三石四斗を西回り航路で大坂に回米し、翌延宝元（一六七三）年・同二年・享保一六（一七三一）年・天明二（一七八二）年にも繰り返し、元文四（一七三九）年に四方を西岩瀬・八尾とともに宿駅に列している。加賀金沢藩は小杉・下村・四方・西岩瀬を通って東岩瀬へ渡る往還道として、四方・西岩瀬に寛保三（一七四三）年に船見番所を置き、往来切手（通行証）・人・荷を検査するようになった。明和四（一七六七）年には四方にも塩蔵が定められ、図10の二番町と田町の間、今の有沢医院の辺りに置かれていた。

四方は貢納額の九〇％以上が漁猟関係で、享保一九（一七三四）年には戸数三二七に達し、八七・二％までが漁猟民（頭振）であるのは、富山城下への魚類供給で近隣の下層農民を吸収したものである。元文四（一七三七）年の町内町は一二町、文化五（一八〇八）年には図10に見るような二一町である。寛政期（一七八九〜一八〇〇年）以降に全町的住民運動が高まったのは、藩主が寛政二（一七九〇）年に領内商業の一元的再編を意図して富山城下に市場を設置し、魚類についても同一〇（一七九八）年に城下市場を通さぬ販売一切を禁止したからである。

町年寄の栂野彦八が総代として解禁を嘆願していたので行商を黙認するようになっていたが、郡奉行が湯原某になると逆に厳罰に処するようになったので、文化三年一二月（一八〇六年）に一揆寸前となった。それを抑えて栂野彦八が同一九日湯原邸に嘆願に赴き、窮状を述べて哀訴嘆願したが、容れないばかりか彦八を足蹴にした。彦八が切腹して死を以て願う挙に出て、それを耳にした藩主（九代利幹）が義烈に感じ、即日湯原の職を免じ禁令を解いたので、漸く危機を脱した。四方漁民は行商に城下へ通う道に彦八の像を建て、感謝の気持ちを表した。四方神社は人々があちこちから勧請してきた神様を纏めたものだったが、新たに彦八を合祀し一二月一九日（近代では太陽暦の八月一八日に変更）に祭を行うようになった。その後藩主は毎年銀百枚の上納を命じたが町民が抵抗し、他領からの買回し魚で口銭を徴収することで上納銀は撤回された。

配縄・竿釣・漬場手繰網・壱網地引網などの漁法が盛んに行われる一方、富山藩は海岸線が三キロメートルしかないため漁場争いが絶えなかった。慶長一六（一六一一）年に西岩瀬漁民が東岩瀬漁民を訴えており、慶安五（一六五二）年には西岩瀬の漁場争いがあり、宝永五（一七〇八）年にも西岩瀬と東岩瀬の漁場争い、寛政九（一七九七）年には打出が、海老江・堀岡・放生津と漁場・漁法で紛争し訴訟になった。天保に入ってからは四方町の魚市場が藩に認可されている。

四方の売薬の始まりは判らないが、一九世紀半ばの移出品は米・藁製品とともに売薬だった。薬種は富山で仕入れ、北海道から大阪まで廻船に乗って出かけた。

図10　四方町並図（文化５年）

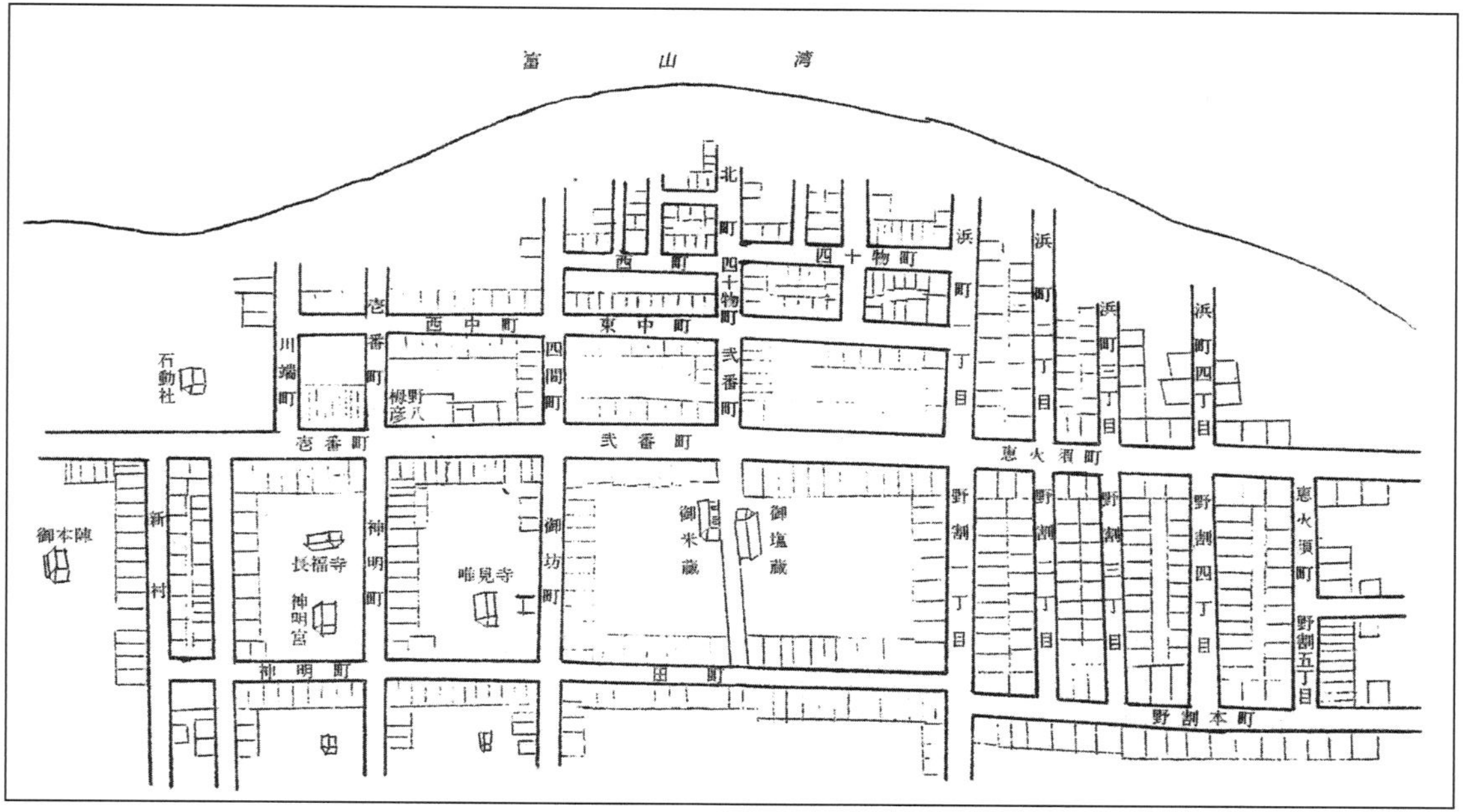

文化五辰歳「四方町之図」により作成。

5　彦のつく井之本屋と三のつく井之本屋

(1) 彦のつく井之本屋

義人と尊ばれる彦八は、先祖が士族だったことから栂野の姓をもっていたが、屋号は井之本屋であった。四方に多い井之本屋という姓はここから始まったと思われる。町年寄・肝煎に井之本屋彦八・井之本屋彦九郎・井本屋彦左衛門の名があり、彦左衛門・彦九郎は飢饉期天保四年の御用立金を上納し、同五年一二月には長町人《おさ》井本屋彦九郎が肝煎仮役に任じられている。このように彦のつく井之本屋は、町年寄・肝煎の層に多いが、近世後期になると長福寺の過去帳の文政一三（一八三〇）年に、十余年前に出て帰らぬ井本屋彦兵衛・彦蔵が九州売薬であったとの記載も見られる。[19]

この彦の字は神通川対岸の東岩瀬にも伝播している。（東）岩瀬の今の宮城小児科の先祖といわれる宮成屋忠左衛門の娘が、四方の井之本屋彦十郎に嫁いでいたが、その彦十郎が（文政一二年二月七日、一八二九年に）早逝したので、（東）岩瀬の里家で子供たちを育てたところ、長男の彦右衛門は二代井本屋彦十郎となったが、次男の彦次郎は宮成屋を名のって天保五年に宮成屋彦次郎を姓にした（嘉永七年六月、一八五四年まで存命）。これが代々彦次郎を名のる東岩瀬の廻船商人宮城彦次郎家の始まりであるが、[20]これは四方の長福寺の過去帳でもわかる。

（2）三の付く井之本屋

文政二（一八一九）年に四方の両替屋として井本屋善七の名が見えるが（『西岩瀬郷土史話』一〇三頁）、これが彦の付かない井本《いのもと》屋が文書に現れた最初のようである。長福寺の過去帳を見ると天保八年九月（一八三七年）に、井本屋三郎左衛門がなる者が海難死しており、これが三の付く井本屋が文献に現れる最初である。四方に多い三の付く井本はこの頃始まったと思われるが、栂野彦八の過去帳に三郎四郎養父などと書かれているから、三の付く井本も彦八から分かれて出たのかも知れない。

付録　江戸時代年表（四方小学校作成）

四方・西岩瀬	1609（慶長14）神通川、洪水により西岩瀬流失、窪村へ移住する。草島へ渡りつけかえ。 1611（慶長16）西岩瀬漁民、東岩瀬漁民を訴える。 1639（嘉永16）富山藩領下となる。
越中	1598（慶長3）利長が2代藩主になった（～1605）。 1609（慶長14）利長、富山から高岡城へ移った。 1620（元和6）この頃領内検地が終わった。 1624（嘉永元）牛が首用水の工事が始まった（～1633）。 1639（嘉永16）利次が富山10万石に分封された。 1641（嘉永18）初めて
日本	1600　関ケ原の戦い 1603　徳川家康、征夷大将軍となる。 1615　大阪夏の陣。武家諸法度 1635　参勤交代の制 1637　島原の乱 1639　鎖国
世界	

	1652(慶安5) 両岩瀬漁場争いの裁断下る。 1658(万治1) 神通川洪水で、西岩瀬、四方の者、東岩瀬へ移住する者あった。 1669(寛文9) 草島村古川を開さくし西岩瀬に能登の塩を引く。 1672(寛文12) 輸出米の法により富山藩領の米を四方より大阪へ回送する。 1673(延宝元) 大阪へ回米。 1674(延宝2) 大阪へ回米。
田地割がおこなわれた。	1651(慶安4) 改作法がおこなわれた(〜1660頃)。 1670(寛文10) 村御印が新たにだされた。 1674(延宝2) 正甫が
1643 田畑の永代売買禁止 1649 慶安の御触書	
1642 イギリスの清教徒革命 1644 清の中国支配始まる。	1661 ルイ14世親政

1675（延宝3） 四方新村開拓される。 1679（延宝7） 藩主正甫西岩瀬へ遊航する。	1708（宝永5） 東西両岩瀬漁場の争いおこす。 1716（享保1） 四方津波の害うける。 1731（享保16） 四方より回米する。 1734（享保19） 四方に大火事あり、297戸を焼く。 1739（元文4） 四方、町に定められる。 1743（寛保3） 船見番所設けられる。	
富山2代藩主になる（～1706）。 1693（天禄6） 土地の売買が認められるようになった。	1732（享保17） 放生津潟の干拓が進んだ。	1767（明和4） この頃富山藩が反魂丹役所をおいた。
1687 生類憐みの令	1716 享保の改革（～1735） 1742 公事方御定書	1772 田沼
1688 名誉革命		

1788（天明8） 台風による被害。

1792（寛政4） 津波のため西岩瀬10戸ほど流される。

1797（寛政9） 打出に漁場紛争おこる。

1804（文化元） 西岩瀬大火。

1805（文化2） 西岩瀬町締方条。

1806（文化3） 栂野彦八自害する。

1783（天明3） 天明の大飢饉

1799（寛政11） 高方仕法で土地の兼併をとりしまった。

1804（文化1） 富山に恵民倉を設ける。

1806（文化3） 加賀藩

意次、老中となる。

1779 ロシア船、蝦夷地に来る。

1787 松平定信、老中となる。

1792 ロシア使ラクストマン根室に来る。

1804 ロシア使レザノフ長崎に来る。

1776 アメリカ独立宣言

1789 フランス革命

1804 ナポレオン皇帝となる。

1818（文政元） 四方火災あり、翌年凶作で疫病流行する。

1834（天保5） 浜問屋条数定まる。

1836（天保7） 大凶作で餓死者でる。

1845（弘化2） 四方に大火あり同年波浪の害うける。

1848（嘉永元） この頃初めて能登から生魚輸入する。

が海防を厳しくした。

1813（文化10） 富山藩領に百姓一揆がおこった。

1822（文政5） 東岩瀬商人松前から肥料を輸入。

1843（天保14） 幕府へ海防状況の報告をする。

1848（嘉永元） 加賀藩海防を厳しくした。立山

1825 外国船打払い令

1834 水野忠邦、老中となる。

1837 大塩平八郎の乱

1814 ウィーン会議

1823 モンロー宣言

1840 アヘン戦争

大鳶くずれる。	1857（安政4） 四方に火災あり、72戸焼失する。 1862（文久2） 英艦4隻四方沖に碇泊。 1863（文久3） 四方に砲台を築く。同年四方町締方条。
	1858（安政5） 高岡はじめ各地に庶民の暴動がおこった。 1859（安政6） ロシア船、富山湾で測量。 1866（慶応2） 大沢野の開発をはじめた。
	1853 ペリー浦賀に来航 1854 日米和親条約 1858 安政の仮条約（通商条約） 1859 安政の大獄 1860 桜田門外の変 1867 大政奉還
1850 大平天国の乱	1857 インド、セポイの乱 1861 アメリカ、南北戦争（〜1865）

第二章　近世後期・明治前期の四方町

1　越中海運の近世後期からの発展

（1）越中海運は近世中期まで低調

表1に見るように、越中の人口密度は平安期には延喜式に見るように全国平均以上で越後より高く、佐渡も越後より高かった。しかし近世には吹塵録に見るように越後が越中を抜き、越中は越前・加賀・能登と越後の間に隠れた

表1　北陸諸地域の人口密度の変遷

	延喜式	吹塵録	昭和10	昭和50
佐渡	23 （121）	108 （121）	127 （△53）	190.2 （△63.3）
越後	8 （△42）	92 （103）	161 （△67）	
越中	23 （121）	81 （△91）	188 （△78）	251.8 （△83.8）
能登	22 （116）	83 （△93）	139 （△58）	255.0 （△84.9）
加賀	37 （195）	90 （101）	224 （△93）	
越前	36 （189）	104 （117）	165 （△69）	184.7 （△61.5）
若狭	33 （174）	92 （103）	99 （△41）	
全国平均	19 （100）	89 （100）	240 （100）	300.5 （100.0）

（1）上段が人口密度（人／㎢）。
（2）下段（　）が全国平均を100とした場合の指数（△印は全国平均を下回るもの）。
（3）須田昭義「我国人口密度の変遷と文化中心地帯の移動」（日本人類学会編『日本民族』所収）に昭和50年分を付加した。
（4）延喜式は平安時代中期（905～927年）編。吹塵録は江戸時代の経済史料を収録したもので、1890年に大蔵省刊。

図11　近世末期における水上交通図

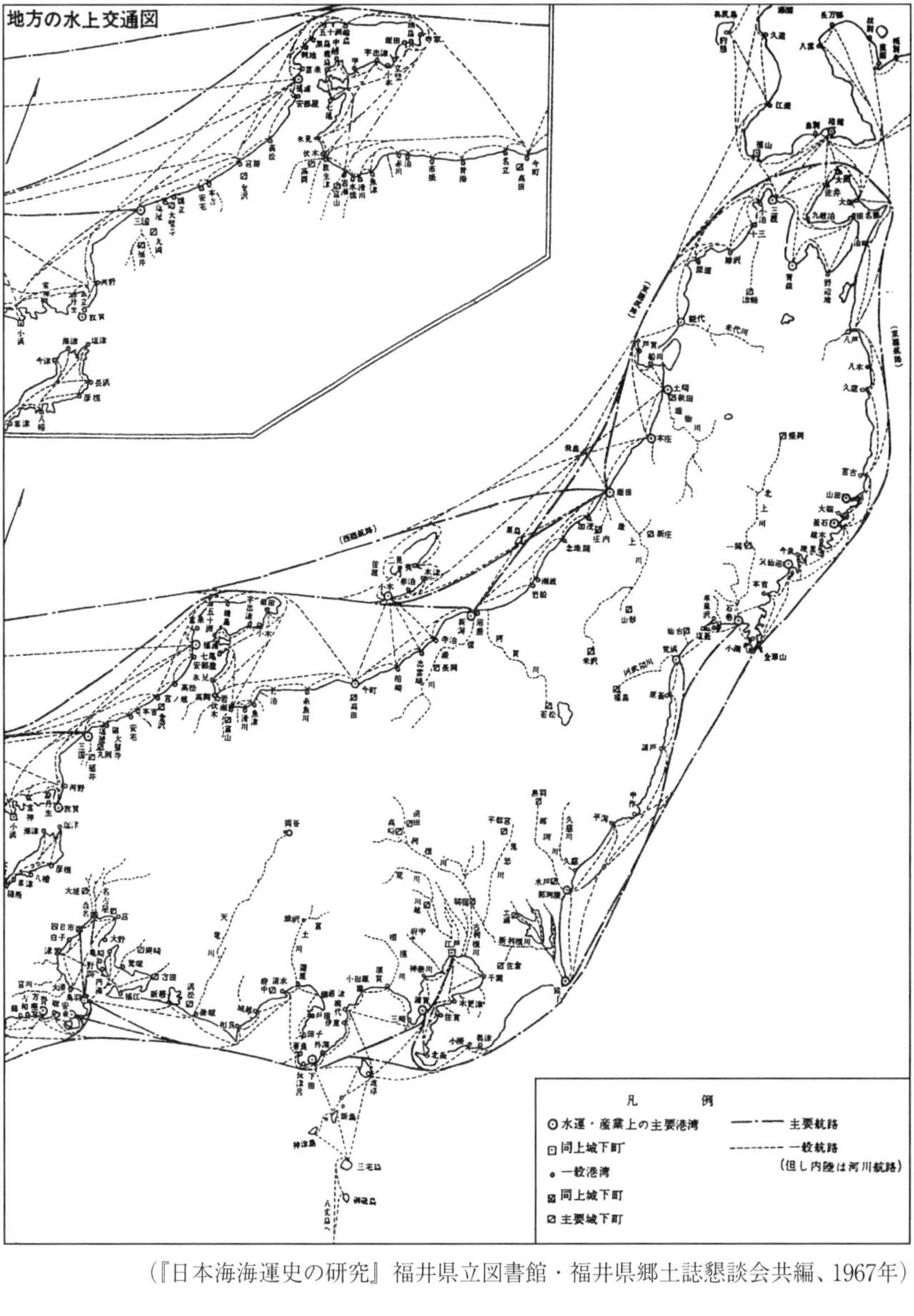

（『日本海海運史の研究』福井県立図書館・福井県郷土誌懇談会共編、1967年）

図12　神明社奉納船絵馬（富山市四方）

僻地として、全国平均以下になっている。これは越中海運が低調だったことと関わっている。

北前船は最初近江商人によって拓かれたから、敦賀・小浜で陸路に積み替えて琵琶湖を経るコースで始まったが、寛政一五（一六三八）年に加賀藩三代藩主前田利常がそれでなく、海路のみで下関・瀬戸内を経る大坂回米に成功した。しかしそれを地方の船で実行していると、船体・技術の未発達で難船が多かったので、元禄頃（一六八八年〜）からは、大坂回米は上方船依存を徹底させていた。しかも富山湾には、図11に見るように主要航路が入っておらず、能登の先端部から佐渡や江戸に近い新潟へ直行していた。「鎖国」政策の大船禁止令で「一枚帆」が強制され、図12に見るように小さな舵取り帆で補う程度だったので、能登半島の蔭の奥まった富山湾に入り込むと「抜け出るのが厄介で大変だった」からである。また越中の大部分は（細長い婦負郡が富山藩である以外は）加賀藩領で、越中米の大半は加賀の金沢や宮腰（金石《いわ》）の湊に持ち去られて、銭屋五兵衛のような加賀商人を肥やしていたのであった。

（2）近世後期からの急発展

寛政四（一七九二）年のロシア人の蝦夷地来航などで、幕府が文化三（一八〇六）年各藩に海防の厳重を命じたので、加賀藩でも沿岸警備・海辺調査・監視などの具体策が立てられ、文化一〇（一八一三）年からは上方船依存を捨てて海商の育成、大船の建造に転じたので、越中全体に海運の急発展が始まった。ブームは文政五（一八二二）年から明治一九（一八八六）年で、明治二～一〇（一八六九～七七）年に過熱状態だったという。[21] 図13は但馬の今子浦に享保期に寄港した西廻り航路の船の母港の統計であるが、（「反」は帆布の大きさで船の大きさを表すから）摂津・難波は大船が多く、瀬戸内の讃岐にもそれが見られる。加賀・越前は七反以下の船だが数が多く、北前船の中心地だったことが判るが、越中は前記の理由で皆無である。ところが表2で明治八年を見ると全く逆転し、越中が加賀・越前を抜いて全国最大の船籍数を示している。越中の北前船は、遅まきながら維新・明治前期に急発展したのである。

図13　享保期に但馬今子浦の船番所で記録された船主国別入津回船数（10隻以上）

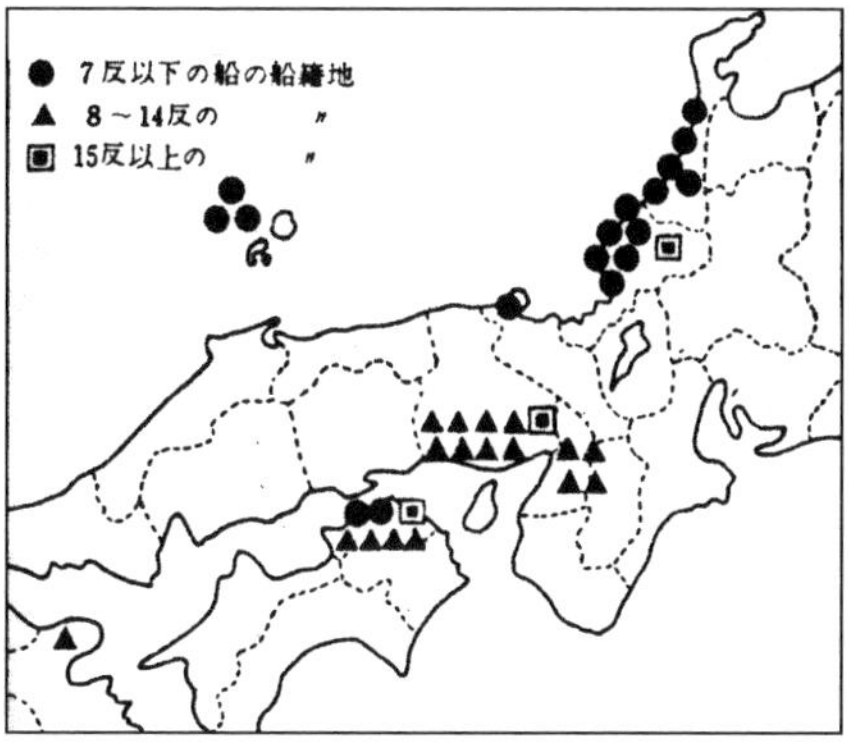

(3) 富山湾の海運発達は西ほど早く、神通川水系は文政期（一八一八年～）から

当時の港は大河川の河口の利用であったから、上記の機運の下での越中海運の発展は水系によって差がある。[22] 小

表2　北陸船主分布の近世・明治間の大変化
門司田ノ浦問屋別入船調表（明治8年）

船主国別＼問屋		A	B	C	D	E	F	G	H	I	J	K	L	M	計
北前・北陸地方	松前	3			3			2							8
	陸奥	3													3
	佐渡				2	1									3
	越後	3	1				1	1							6
	越中	31	12		4	1		6							54
	能登	3		1	1	4		5							14
	加賀	2	1		1		2	4			1				11
	越前			1		4	1	1						1	8
	若狭				1			2							3
	計	45	14	2	12	10	4	21			1			1	110
山陰地方	丹後				1	1	1								3
	但馬				5										5
	因幡		1												1
	出雲	1	1											1	3
	石見			1	1	1		1						1	5
	隠岐					1									1
	計	1	2	1	7	3	1	1						2	18
瀬戸内地方	長門					2			4						6
	周防			2	1	6	7	2				1	2		21
	安芸				1				7					3	11
	備中				1										1
	豊前			1								1			2
	豊後					1									1
	伊予			14	3	17		4	1	12					51
	讃岐								1						1
	計			17	6	26	7	6	13	12		2	2	3	94
大坂周辺	摂津			7	1	1	2				1			3	15
	和泉			3									1		4
	淡路			2	1			7					1	6	17
	阿波	2			1										3
	計	2		12	3	1	2	7			1		2	9	39
九州地方	筑前	1			1	11	25								38
	肥前					1									1
	肥後													1	1
	日向					1									1
	薩摩					6			1				1		8
	壱岐					2									2
	計	1			1	21	25		1				1	1	51
東海地方	尾張				1										1
	遠江								1						1
	駿河													2	2
	伊豆				3										3
	計				4				1					2	7
不明			4	2				5					3		14
総計		49	20	34	33	61	39	40	15	12	2	2	8	18	333
雲上銀（単位円）		○・四二九	○・一三五	○・七二○	○・六一七	○・七一六	○・三五○	○・四三二	○・一八八	○・○七一	○・一九四	○・○一八	○・○五六	○・四五六	四円三八銭二厘

A：関谷善兵衛　B：三原屋為右衛門　C：柴屋庄三郎　D：油屋忠兵衛　E：和泉屋三九郎　F：淡路屋吉右衛門　G：関屋幸作　H：豊後屋伊三郎　I：長浜屋久七　J：伊倉屋四郎兵衛　K：岡田屋仁左衛門　L：柴屋源蔵　M：岡田屋八蔵
門司郷土会刊「田野浦志」168頁以下の「居船運帳」より作成する。
統計は高瀬保氏の海運史による。

矢部・庄川水系では化政期（一八〇四年～）から、神通川水系では文政期（一八一八年～）から、水橋を中心とする常願寺水系では天保期（一八三〇年から）と東に行くほど晩い。

2　幕末・明治前期の廻船例

(1)　幕末富山藩内の廻船商

『越中史料』によれば神通川水系の蝦夷地廻船は、文政五（一八二二）年に東岩瀬商人が松前から海産肥料を輸入したのが最初という。近世後期の富山藩内の北前船は、長者丸の例に典型的に見られる[23]。富山古寺町の能登屋兵右衛門所有の六五〇石積みで、天保九（一八三八）年四月二八日に大坂回米五百石を積んで西岩瀬から出帆した。乗組員九名の内には善右衛門・五三郎なる二名の四方者も含まれていた。西回り航路で瀬戸内に入り、五月下旬に大坂に着いて回米を降ろし、綿・砂糖などと新潟向けの運賃取り荷物を積んで六月に大坂を出帆、再び瀬戸内から日本海に出て七月六日に新潟、八月中旬に松前港、九月下旬に函館に入った。一〇月下旬に函館を出て正月荷の昆布を江戸に運ぼうと、太平洋に出たことが災いの元であった。まず伝馬船が破損して南部領田之浜で修理したが、一一月二三日朝からの西風で流されて金華山の明かりも見えず、大時化《しけ》になったので帆柱を切って漂流。一二月一七日夜またも大荒れとなって船の機能は全く損なわれ、一同髪を切って金比羅様に祈るばかりであった。翌日風は凪いだが糧米はつき、昆布などを食うが飲み水が乏しくあてもなく漂流、天保一〇（一八三九）年正月二四日頃、渇きに苦しむ五三郎（二六歳）が亡くなって海中に葬られ、四月一二日頃善右衛門（四〇歳）も亡くなり、一五日頃一名が海中へ投身自殺したが、二四日頃アメリカ捕鯨船に救助された。以後ハワイ・カムチャッカ・オホーツク・アラスカ・択捉島と転々と運ばれ、天保一四（一八四三）年九月漸く松前に帰れたが取り調べで、全く自由の身となったのは嘉永元（一八四八）年九月である。その間の病死もあり一〇年ぶりに富山に生還できたのは四人のみであった。

　四方町の蝦夷地廻船商の例を、安政二（一八五五）年の幕府の直轄地となった函館の沖之口番所の公文書で、見ておこう[24]。第一の例は、大船禁止令が解除された文久元（一八六一）年に長次郎なる者の「神通丸」が、新潟から越後玄米（四斗二升入）一九六俵・畳一五〇枚・越後酒（二斗入）六百樽を積んできたと沖之口番所に入ったが、船改めの前日から函館では珍しい西瓜・梨・南瓜が売られていたことから怪しまれ、新潟滞船中に賄の助四郎が水主《かこ》たちと、野菜・果物を積み込んできて密売と判った。番所の検査役は（経費節減のためか）廻船問屋にまかされており、奉行所へ上申せずに罰金徴収で済まして、水主たちに密売代金四両壱分永七拾文九分、売買した函館商人に利潤の倍の一両三分永三拾文六分を払わせた。船長にお咎めは無かったが、役銭（移入税）を三拾四両壱分も払っているのは、酒が移入禁制品だったので没収に近い額を払わされたのである。商人である船長がいつも通う函館の禁制品目を知らなかったとは思えず、徴収額は（「袖の下」による）交渉次第だったのではないかと思われる。

第二の例は、慶応二（一八六七）年八月に孫七なる者の五人乗り三四六石積み小廻船「長宝丸」が函館に入り、蝦夷地昆布「高長切・高内浜元揃」・高麗波（昆布名？）を一七六二一貫（代金一〇四八七貫六八四文）で買って来て沖之口番所に届け、一割の「御用捨引き」で金額の二％の役銭（移出税）一八八貫七七八文を払っている。ところが地回り鰯粕二六七本・オタルナイ鯡粕九五本、長切昆布・元揃昆布・クスリ下昆布・鹿皮（昆布名？）など代金三万貫の、つまり届出け商品の三倍近い金額の隠し荷がみつかり、届出た場合の二％ほどの役銭五五九貫四三四文とその三倍の罰金を取られている。しかし合計して代金の一〇％ほどを払わされたに過ぎない。昆布は薩摩・琉球を通じる中国向け俵物輸出の筆頭であったから、長崎に運べば罰金以上の儲け得られたのであろう。

（2）海防・黒船来航と戊申戦期

富山藩の海岸線は三キロメートルしかないが、弘化元（一八四四）年に海防の心得を上申し、軍艦を買う財力はないが藩主利保直轄の御手船として八〇〇石積みの和船四艘を七尾で造らせた。事あるときは砲三門ずつ取付けて軍艦化するが、平素は商船として能登・佐渡・越後・酒田・秋田・松前と下関・長崎・大坂まで、つまり西回り航路の商船として稼がせておくのだから、大船禁止令の実質的解除であった。四方・西岩瀬港はその御手船の根拠地とされた。嘉永四（一八四六）年には伏木・放生津・生地に加賀藩のお台場（砲台）が築かれ、同六年には海岸線の要所に農民を動員した（『富山県の歴史と文化』）。富山藩の御手船は利保死後の文久・元治年間（一八六一〜六四年）に海防が一層必要と、御手船が一〇艘に増されている。

安政六（一八五九）年、黒煙を上げるロシア船が四方沖を通過し、伏木に入って港内を測量したが、文久二（一八六二）年には英艦三隻が四方浦に停泊した。測量をして威力を示し、何の合図か解らないが度々汽笛を鳴らしたので、漁師はみな沖から戻り浜役人は大慌てで富山城下へ飛脚を立てた。日暮れになると見張り所は勿論、浜方役々・年寄・肝煎の家はみな高張提灯を立てて、異人の上陸あらばと鳶口・脇差を携えて、鉢巻きに酒をあおる有様。夜半になって富山城下から一番隊五、六〇人が到着して長福寺を本陣としたので、漸く落ち着いた。翌日には二番隊二百人も来て勇ましく陣貝も吹き立てたが、英艦はことなく去った。

こんなことが有ったので翌文久三（一八六三）年、今日の警察署の裏手の、西岩瀬の入口に砲台を築いた。慶応四年四月（一九六八年）「官軍」が加賀藩に北陸道鎮護を要求し、富山藩もそれに付いて出兵、奥羽征討群通過の際は軍糧軍器の運輸に四方・西岩瀬は繁忙を極め、運送に御手船が活躍した。

（3）維新・明治前期の船数と廻船者たち

太陽暦採用のため明治五年は一二月二日で終わって、翌日が明治六年一月一日となるが、その前である明治三年一二月の船持ちを見よう。

渡海船　　能登便　　漁船

四方　　二四艘　　一九艘　　筒舟一〇艘
西岩瀬　八艘　　七艘　　釣舟四五艘

西岩瀬の渡海船の数は前記の文化五（一八〇八）年の二七より（能登便を含めても一五に）減っている。また表3(25)で見ると四方には文化一五（一八一八）年〜明治一八（一八八五）年に二一隻、西岩瀬にも寛政二（一七九〇）年〜明治二（一八六九）年に八隻の名がリストされている。同表の続きの東岩瀬の欄には天保三（一八三二）年〜明治二六（一八九五）年に五三隻、水橋には天保五（一八三五）年〜明治一七（一八八四）年には一三隻の名が見られ、この最盛期には四方・西岩瀬で計二九隻あるので、東岩瀬の五三隻に比べ、後年ほど差が大きくなかったのが判る。

雑誌『郷土』によれば、四方で北海道交易を行ったのは八町屋・志甫屋・今善屋・愛宕屋・谷・松田・利波・窪・井本・放生・岸谷などで、米と藁製品（むしろ・縄・かます・わらじ等）を持って行き、鰊・肥料などを持ち帰った。船は五百石積み・八百石積みで千石積み以上のもあった。三月中旬までに準備を完了して家族に送られて出発し、能登の小木で順風を待って、四、五日で北海道の福山まで行き、そこの「オジマ」「コジマ」の間で「船改め」を受けてから、目的地である礼文・利尻・江差・小樽・岩内に行き、取引後六月中旬頃までに帰宅した。そして再び七月中旬に出向して九月初旬までに戻るという、年二回の交易だった。未だ和船が主だったので極めて冒険的な航海であったが、運ぶ商品の金額に対し一〇〇・一五〇％という高い純益を得ていた。

一四七頁に書いた天保八年九月に海難死している井本屋三郎左衛門が、筆者の家で母屋《おもや》（本家）と

表３　「諸国客船帳」にみられる海商

	番号	船名	船主名	沖船頭など	事　項
四方	1	住吉丸	網屋源三郎	—	文化15年９月25日下入津。28日出帆。
	2	久福丸	うち出屋庄助	—	天保２年３月12日下入津。扱苧買付られる。
	3	辻吉丸	辻屋勘兵衛	弥助	天保13年３月12日越後登、古米・大豆・小豆積入津。同15年５月２日庄内登入津、米直入する。
	4	長宝丸	八町屋久左衛門	—	弘化２年６月７日入津、直筆される。
	5	長寿丸	八町屋八四郎	—	慶応４年４月１日越中登入津。
	6	長久丸	八町屋久治郎	—	慶応元年４月４日下入津、８月22日松前登入津、直筆される。
	7	永宝丸	今市屋与三左衛門	庄蔵他２名	弘化３年８月23日下入津。嘉永４年４月13日下入津。慶応４年５月17日下入津。
	8	春日丸	同	助五郎	文久元年３月10日越後登入津。12日出帆、6月22日登沖合、8月20日越後登入津米売、扱苧買、22日出帆。
	9	幸栄丸	柑屋与三次郎	与三郎他１名	弘化５年３月４日越中登入津。嘉永３年７月２日越中登入津。
	10	福寿丸	能登屋平蔵	平助他１名	嘉永３年10月４日越中登入津、米直入れる。同５年３月２日越中登入津、５月24日庄内登入津。
	11	二福丸	布目屋善三郎	久助	嘉永４年７月24日能州登入津、28日出帆。
	12	栄久丸	布目屋権次郎	—	明治４年９月19日下入津、23日出帆。
	13	豊福丸	大泊屋勘兵衛	佐右衛門	安政２年３月12日越中登入津。
	14	弓射丸	海老江屋権次郎	五三郎他１名	慶応元年４月19日下入津、生蠟買、21日出船、７月19日庄内登入津。同４年３月10日下入津。
	15	喜乗丸	四十物屋長蔵	—	慶応４年８月１日松前登入津、直筆される、11日出帆。
	16	末広丸	今市屋与兵衛	佐平	明治２年２月21日下入津、23日出船。
	17		久保屋五兵衛	—	明治３年３月１日、田仲屋三四郎より約束される。
	18	神清丸	中浜屋伝助	—	明治４年８月29日松前登入津、直筆される。９月５日出船。同５年２月25日下入津。
	19	千歳丸	同	—	明治10年８月12日登入津、17日出船。同11年５月18日登入津、22日出船。
	20	一葉丸	井本三左衛門	三五郎	明治13年３月23日下入津、印形付される。同14年６月29日登入津、７月４日出船。
	21	永運丸	同	又三郎	明治18年４月22日下入津、24日出津。
西岩瀬	1	神徳丸	小山屋長右衛門	—	寛政２年６月３日下入津、６日出船。
	2	永保丸	飯森屋清四郎	弥三八	寛永２年５月６日越後登入津、９日出帆。同３年２月23日富山登入津、米売払、焼物買、29日下出船。
	3	神通丸	駒見屋伊八	庄五郎	嘉永３年４月16日大浦にて約束。同４年３月23日越中登入津。
	4	神力丸	油屋理三右衛門	安五郎	嘉永４年３月23日越後登入津。
	5	宝久丸	角屋正三郎	—	嘉永５年４月28日越中登入津。
	6	吉祥丸	舛屋善八	—	嘉永５年８月26日下入津、扱苧買付る。
	7	日吉丸	佐渡屋仁兵衛	—	元治２年３月10日越中登入津。直筆される。
	8	長寿丸	塩屋仁助	—	明治２年８月22日松前登入津、数の子卸売、扱苧買、24日出帆。
富山	1	清寿丸	並木文三郎	間十郎	明治６年６月21日沖合ニ而約束、22日長浜入津。同７年５月４日越中登入津。
	2	栄宝丸	同	間十郎	明治９年６月21日下入津。
	3		松岡小三	政栄	明治９年９月４日入津。
	4		袋井岩吉	—	明治９年９月４日入津。
	5		玉井伊三郎	—	明治９年９月４日入津。
	6	神徳丸	八町屋藤蔵	藤八郎	明治９年９月４日玉井伊三郎が印形される。
	7	神宝丸	同	二平他１名	明治９年９月４日玉井伊三郎が印形される。
	8	清栄丸	馬瀬清九郎	与助	明治11年５月21日下入津、30日出帆、直筆される。同16年９月23日松前登入津、27日出帆、12月３日下入津、８日出帆。

呼んでいた井本三次郎の先祖らしい。筆者の四代前の先祖で早逝した金次郎は母屋の船に乗っていたというから、その井本屋三郎左衛門かその次の代の次・三男と思われる。そして金次郎の子は三左衛門を名乗っているから、金次郎も早逝しなければ三左衛門を名乗るつもりだったのであろう。曾祖父井本屋三左衛門は父金次郎が二八歳で病死したので、二歳で家を継いだという。

また諸国御客帳（「収容書目改題」『海事史料叢書　第四巻』）に、

堀岡町　安政三年二月二八日入舟　忠孝丸　四方町　江（井）ノ本屋又三郎

明神町　明治一八年九月二〇日松前登り、瀬戸ヶ嶋ニテ御約定　一乗丸

井ノ本三郎左衛門様船、三五郎様

明治一四年六月二九日入舟、同一八年九月二〇日ニ登り御入船一乗丸

井ノ本三之助様

明治一九年十月二二日御入津　栄運丸　井ノ本三五郎様

と三の付く井本が四人見えるが、又三郎以外はその井本三次郎の家系の人である。

3　叩き上げ三左衛門のしんしょ（財産）作り

ここからは随時、家づき娘だった筆者の母あや一八九九（明治三二）年生れの（七七年歳以後の）回想談を引用させて貰うことにする。方言で（ ）付きの談話が出てくれば、特にことわらない限り

この母の談と思って頂きたい。息子である筆者に向って話しているので、私・「おら」と一人称で出てくるのは母自身で、「ミツ婆さん」「タツ婆さん」と言われるのは、筆者にとっての曾祖母・祖母で、母の祖母・母である。

〔うちの初代の金次郎な母屋《おもや》（本家）の船に乗っとったいぅ。母屋は中町（図10参照）の三次郎さで「さぶれざんさ」言われとったから、先祖ぁ三郎左衛門だったがだろ〕（註：人名の後につく「さ」は「さん」の訛り）。前掲の諸国御客帳の記述に「一乗丸　井ノ本三郎左衛門様船」とあるから、金次郎はその一乗丸あたりに乗っていたのであろう。〔だれど金次郎な二六で嫁もろて二八で死んでしもた。金次郎のつれあいちゃ髪の黒い綺麗な人やった、三左衛門によう似とったいう。梅津[26]いぅ家から来とったいえど「ありゃ面買《つら》うたがで、本当は浜谷いう家ぢゃ」てミツ婆さん（三左衛門の妻）な言うとられた。明治の初めの徴兵ちゃ一人っ子長男免除したがで、金出いて名替えるが「面買《つら》う」いうたもんです〕。

〔金次郎は分家したばっかりで死んだがで墓もなし、母屋の三次郎さの墓に骨壺入れてもろとったが、息子の三左衛門な二二歳になって墓建てよぅ思て「お父っつぁんの骨《こつ》くだはれ」て三次郎さ行ったら、「墓一杯になって一つの壺に混ぜてしもた」て、貰えなんだ。そっでうちは今でも三次郎さの墓に参りに行く。三左衛門な父親死んだときまだ二歳だったがで、その梅津からきたいう母親働きにも出られず、家で縫物仕事ばっかりして暮し立てとったと。ほって三つ四つからは母親と一緒に（現・富山市豊田の）粟島の市田いう家へ、泊まりがけで秋奉公（農繁期の手伝い）に行っとったが、可愛がってくれて給金余計に貰ぅとったと。そっで、後で三左衛門なしんしょ（財産）築いて、市田の方は逆に傾いたときに、三左衛門な恩返しに市田の土地を、損得離れて高う買って上げたいう〕。

〔三左衛門な若い時から母親に、「なん、おら楽させて上げる」言うて、能登通いの舟商売から始めた。ひとが一日一往するがに早起きで二往復して稼いだと。お蔭で、やがて佐渡通いになって新潟に、次は函館に店を持つまでになった。その時分ナまだ小樽でなて函館ね、松前だちゃ。あの頃は「北海道まで一往復して来ると千両は堅かった」て言われたと〕。表3を見ると、四方の船二一隻、西岩瀬の船八隻の中に、井本三左衛門の船として一葉丸・永運丸の名が見え、筆者編の『北前の記憶』二頁には、明治二〇年過ぎには栄聞丸という船も持っていたと語られている。「井の三」という商号や菱形の井桁の中に三の字を書いてく家紋は、この頃作られたようである。家は図10に見られる四方二番町の三三、内外薬品・中浜伝治のところにあった。

〔ミツ婆さんな呉羽の追分茶屋の澤田彦平から来られた。澤田は早う東京へ行ってしもたれど四方の町野いう家にも、荒屋の村にも甥ども居った。ミツ婆さんな機《はた》織られた。昔の人ちゃみんな自分の着物織られたねけ。大きい炬燵《こたつ》一つ半ほどの機《はた》、こうバッタンバッタンう動くねけ。タツ婆さんになるともうそいもん織られんだから、二階へほり上げたったが、私ら子供のころ腰かけて織るまねして遊んだ。

三左衛門ちゃ「この天保銭《ぜん》に波ゃ何枚かぶっとると思う」言われて、無駄使いせん人だったれど、年の半分新潟の店におるから、その間に四方に色んなこと起る。一番厄介なが富山藩の侍ども、朝から馬で乗りつけて来て一〇両貸せ二〇両貸せ言う。細長い藩で海に面しとるが四方・西岩瀬だけやけね、廻船商人目当てに来るがやちゃ。ほして維新で御扶持ばなれしたら、なお来るようになった。要らんようになった鎧・刀持って来て買えいう。その頃ぁ電話なんかありゃせず、一々新潟の三左衛門に聞いとる暇もなし。ミツ婆さんな仕方なしに貸してやられた。

そういう鎧二つ、刀何本も溜まっとった。[27] 三左衛門な帰って来て「こんなもん要らん」て一言いわれたれど、くどくど言われなんだ。その鎧、三信（三左衛門の子、母の父親）の時代に四方の小学校に寄付したら、政信（筆者の父、母あやの夫）の時代に東京へ行ってから、四方の小学校から箱も造ってくれ言うて来て、それも寄付したと」。

4　四方港の機能低下と漁業・商業

三左衛門が新潟に店をおいたのは、関東や佐渡鉱山に近い大港だったためばかりではない。序章で述べたように絶えず海岸が浸食される四方は、港として使える機能をすでに失い、能登通いや漁船以上の船を置けなくなっていたからでもある。貞享年中（一六八四～八七年）を書いた図8に「此所大船共掛り申舟溜和合」と書かれていた港は、その後の海没でもう無くなってしまっていた。そのため店を構えた新潟・函館に年の半分は居なければならず、脳溢血で倒れたのもその無理が祟ったのかもしれない。西岩瀬でも明治一〇年に、嵯峨孫三郎が初めて蒸気船で伏木・直江津間の、続いて佐渡・新潟間の航路を開いたが、新潟港で火災を起こし再起不能となった。小天部河港・神通河口である伏木・東岩瀬が大港化する中で、四方・西岩瀬は度重なる海食で、海岸は突堤工事や破防工事で跡形もなく、港は東岩瀬へ移ってしまっていた。だから左衛門も函館や松前からもどって来ると、船は新潟か東岩瀬へ入れていた。

　四方の〔忠魂碑から五、六軒来た所に「彦べさ」いう井本姓の家ゃあった。先祖ぁ彦兵衛だったがだろ。東京売薬やらしとって越してったが〕。四方の売薬は明治一六年の行商人数は四四人で製造会社もでき、大正期には五百人に達して朝鮮・中国・台湾にも出かけるように成る。四方町は富山市から二里、漁業・売薬・廻船の町だった。

　四方には明治一〇年頃、釣漁船四三艘、手繰網船五隻、漁場は八カ瀬・前場今栗、鰮、鯵、鯖藁台網漁場三七カ所、鰤藁台網漁場五カ所、地曳網三カ統が有った[28]。四方町釣漁船団と（東）岩瀬の漁業者の間に、沖合漁業区域のことで争いがよく起こり、櫓や櫂・竿を振り回す喧嘩から訴訟になり、一審・二審では四方が勝ったが（東）岩瀬側から第三審に訴えて、禁漁区にすることで漸くけりがついた。この間、財力のある（東）岩瀬側の経費は町負担だったが、四方側は漁民自身の負担だったので数年間に訴訟費で、家財・漁具を売る始末であった。こんな中で四方の魚市にも内紛・財政難が生じて、「上の市場」が井本三左衛門に譲渡された時期もあったという[29]。

第三章　汽船・洋帆船に替わった明治後半

1　三信が負わされたもの

三左衛門夫婦には三信（慶応三年・一八六七生）の他に、男一人・女二人も生まれたが皆、大人にならずに死んでいる。チブスの流行などもあったが、それに限らず当時の幼児生育率は非常に低かった。今度は健康で生き残ってほしいと健吉と名付けられていたので、三信は一五歳になってからの名である。義務教育を終えた年齢層向けには、県内にはまだ師範学校（明治八年創立）しか無かった（富山中学が出来るのは明治一八年）。三信は師範学校に行きたいと言ったが、「船乗りに師範学校はいらん」と三左衛門に一蹴された。一人っ子でなければ許して貰えたかもしれない。否応なく家業を継がねばならない身だったこと、これがこの人の不幸の始まりであったと思われる。後のこの人の行動を見ると、二十歳の時分からシベリアを歩いて来たり、勧業博覧会を見に行ったりと、文化・文明への嗜好を抑えきれない様子が見える。

〔一七やら一八の年に、「おまさも船手の子なら一遍乗ってってこい、うちに寝まって金使っとるだけちゃ駄目だ」、て三左衛門に言われて北海道まで乗って行って来たがだと。四つあった土蔵の真ん中の衣装倉に、カッパみたい物あって「か何け」て聞いたら、三信ゃ船に乗ったときのもんだ言われた。後で小樽に店出いてからでも、汽車みたい窮屈なもんない言うて、直江津から汽船ばっかりだった。四方から伝馬で行かれるが私ら見送っとったが、ありゃ伏木から乗られたがでなかろかね」。

〔三左衛門な年の半分は新潟の店におったから、その世話してくれとった女性との間にも女の子、男の子いて、「三」の字を襲名させて三平いうとった。ミツ婆さんナなーん焼かれんだから、三平やよう四方の家にも来とった。兄弟の居らん三信な三平と仲良かった。あんなに似た兄弟やおらん言われた。二人とも三左衛門に似とったがだろ。三平な古鉄商になったが、その姉がやっとる新潟の料亭にも三信なよう行かれて、お気に入りだった。三平の息子は朝日新聞入って、私ら東京に出てからも来てくれとった。

三左衛門爺はんな、(東)岩瀬の宮城彦次郎と船「三杯」ずつ持っとるきに三信の縁組した言われた。二人とも若い時ゃ船に乗っとって「おらっちゃふんどし一つ流いて来たことなかった」言うとられた。三左衛門な三信の嫁にその彦次郎の長女ツタ(明治九年九月生れ)貰ろて、盛大な嫁どりしたいう。一斗樽のかがみ抜いて、杓立てて門に出してあったと。通りがかるもん皆んなに飲んでってくれいうわけだちゃ。

ところがその後すぐ、三左衛門な脳溢血で亡くなってしまわれた(明治二一年)。ほしたら第十二銀行本店に何年にも引き出したことのない金積まれとったし、富山銀行の橋北支店にも船荷三杯分の額入っとったと、四方に一番近い支店だねけ、すぐ船出せるように。ほして三信な若輩の身で橋北銀行の取締役にされて、四方に支店を開く役させられた。今の「しらまさ」かもう一つこっちの向えだちゃ、四方で最初に出来た銀行です。そしてその上に、明治二三年に郡会議員にされてしもた」。二二年四月に市町村制が敷かれ、四方・西岩瀬・四方新村・北窪村の二町二村をまとめた四方町（一一五〇戸・五〇一二人の）が発足し、二三年五月に郡制が交付されたが、郡会議員は三分の二が町村会議員から、三分の一が地価一万円以上の土地を所有する地主層の互選で選ばれた。三信はそのとき町会議員は辞退していたが、地主層の中から郡会議員に出されてしまったのである。

このように相続財産のために、若年から多くの名誉職に担ぎ出されていたこと、これがこの人の不幸の第二の要因であると思われる。折しも民権運動期であったから、近代的・文化的志向の彼は民党の大同団結運動に加担し、廻船業との間で逡巡している。

明治二二年七月五日『北陸公論』：大同団結有志大懇親会

四方町青年大同倶楽部、和合会員栂野・井本・小島・高木・堀等は、県下漫遊中の井上角五郎氏等の一行を聘して演説会をと準備中。

明治二二年八月一日『北陸公論』：「生儀近頃咽喉加答《かた》□《る》ヲ患フルヲ以テ自今生ビール之外禁酒ス且花柳之交際ヲ絶ツ　井本三信」

明治二二年八月一三日『北陸公論』：大同団結政談演説会　一五日午後三時　四方町出席弁士永田一二・小塚義太郎・長谷川清信・塚本正賢・井波発四郎・中村文造・柳田安太郎・重松覚平・井本三信・栂野秀。発起人　井本三信　以下七三人の名を並べる。

明治二三年一月七日『富山日報』：井本三信が年賀広告

明治二三年二月九日『北陸公論』：「生儀商業上繁劇之為メ今ヤ断然町議職ヲ辞シ爾今専ラ商業ニ従事致候此段辱知諸君に謹告ス　四方町　井本三信」

明治二三年五月二一日『富山日報』：「生儀第三回勧業博覧会縦覧旁々京濱間商況視察之為本日上京之途ニ就ク　四方町　井本三信」。八月二日『官報　第二一二一号』第三回勧業博覧会来会人員：四月一日乃至七月三一日（一二二日間）ノ総計人員一〇二三万三六九一人、一日平均八三九一人。

明治二三年六月一八日『富山日報』：四方町の細民は百人ばかり隊を成して井本三信氏の宅に詰め掛け、米価非常に騰貴のため援助を受けたしと強請し、輸出を止めるようと乱暴にも及ばんとする勢いなるも、井本氏は丁寧に応接したるを以てそれにて引き取り、蛯谷権次郎氏宅に赴き次いで本郷・利波などへ、というところで警官が来て解散させた。翌朝は西岩瀬の永守伊八郎から井本氏が買い取っていた米の運び出しを妨害したので、輸出を中止した。

明治二四年一月八日『富山日報』：「恭賀新年　併セテ辱知諸君ノ健康ヲ祝ス正月二日　四方町井本三信」

明治二四年五月一三日『富山日報』:「四方町の懇親会　井本三信・蛯谷権次郎・蛯谷与三郎・高木長三郎・畑栄助・永守兵太郎諸氏の発起にて去八日同町長福寺……来会者九十二名……永守兵太郎氏は立って開会の主意を述べ、続いて地方有志数名の演説在り、杯盤の間には……」

明治二五年七月九日『北陸政論』:「生儀漸ク二十五歳（慶応三年八月生）ニ達す此段知己ノ諸君ニ告グ　婦北　井本三信」

明治二六年一〇月の町会議員補欠選挙では民党が全勝したが、その当選者の中に井本三信の名があり、同二八年一月の県会議員選挙の大同団結派には永守広次郎、進歩党候補にも井本三信の名が見える。

明治二七年に三信の妻ツタが早逝し、二人の娘サヨ・トミが残された。葬儀広告が八月二九日の『北陸政論』に、親戚代表宮城彦次郎（ツタの父）・井本三次郎（母屋《おもや》の当主）の名で掲載された。そして再び宮城彦次郎家から故人の妹のタツ（明治一三年一一月生れ）が後妻に送り込まれた。

〔タツは学校首席で毎年郡長から教科書貰って来とった。その頃の小学校は尋常科の四年までで、学校の先生するもんでなけりゃ高等科ちゃ行かなんだ。だれど高等科の本を貰ぅてしもたがで、ならこの本ある間だけ行かっしゃいいうことで、高等科もやって貰えた。ほして養子もらって分家するがに、（東）岩瀬の宮城の向えの、あとで電信電話局になった所に土地まで買ったがに、井本へ嫁いどった姉や死んだからて、一五でその後妻に出された。だから「宮城の親ども孫だけ可愛いて娘かわいなかったか」て、腹立てとられた。昔はそいが多かった。高等小学校出たばっかりで着物の縫い方も知らなんだから、井本へ来たらミツ婆はんな三信の羽織一枚ほどいて見せて、「元に戻してみられ」言われたと。訓練だちゃ」。

2　明治三〇年代、子供時代の母の見た四方

〔その時分、四方で他に船持っとたがは蛯谷権七、和船二杯持っとたが乗っとるもん海老江・堀岡の者多かった。海老江門徒（海老江の寺の檀家）だったがだろ。だれど難船して、おらの子供時代にやめた。北海道通いの時代までは、長福寺の横の岸谷いう家も行っとったし、草島屋の父親ぁ能登通いしとった。布目いう家ゃでかいと（たくさん）在って、なかに能登通いしとったもん居ったろ。西岩瀬にも岸谷て船持っとったが、北海道まで行っとたろ〕。

しかし財閥系汽船会社の進出に留まらず、日清戦後産業革命といわれる明治三〇年前後になると鉄道・通信網の拡大で、地域間の価格差が無くなって投機性失われ、和船商売が成り立たなくなった。また北海道魚肥を必要とした綿・藍に化学肥料や外国綿花が用いられるようになって、西回り航路の西半が廃れた。北方への廻船商だけに減ったので、アムール河口域など対岸へ活動域を広げる動きが生じた。和船でかろうじてゆける範囲だった。日本人は大陸人のロシア人より漁法が発達しているので、ロシア人名義で魚を獲って持ち帰る、形式上の「買魚」であった。露領漁業の第一

段階は和船で行ける沿海州から始まったわけで、和船しかなかった四方者もこの段階までは多く出かけているが、三信は之には出漁しなかったようである。明治三一年二月に名誉町長に就任しているが、七月の戸籍役場開設の関係か退職している。

神通川を渡って(東)岩瀬と結ぶ幅二間の萩浦橋が、明治三〇年七月に初めて架けられた。四方町など婦負郡と新川郡を結ぶ要路で、長さが二二〇間(三九六メートル)もあるから、初めは有料だった。〔私明治三一年生まれで、子供の頃は春・秋にタツ婆さんの里の(東)岩瀬の宮城の家へ一週間ずつ行っとった。宮一(宮城彦次郎家の商号)ちゃ元は四方出だけね(第一章5節参照)、墓がある四方の長福寺に何百坪いう敷地寄付されて、おっかはん(彦次郎の連れ合い)もよう四方へ来られた。来られると向えの田島にも寄られた。田島の爺はんナ難船した宮一の船[30]乗っとって戻って来られなんだがでね。田島のお婆《わ》わ言うとられた。「どっだけ経っても、夕方ども表の笹カサカサ音すると、どっか流れ着いとって今帰って来られたがでないかて出て見るがです。人間ちゃ業なももんでござんすがいね」て云うとられた〕。

〔私虚弱体質で、五歳のとき金沢病院で精密検査してもろたら、長生きできん言われたが。それでで私の乳母が毎日向えの畑もん行って刺身買うて来て、塩もん倉の戸前に座らせて食べさせてくれとった。刺身や一番栄養あると思とったんでしょう。私が四〇ぐらいになってから会うたら、「こんなに長生きできると思わなんだ」て泣いとったちゃ。四方の新出町(図10参照)のもんだれど、侠客気取りの夫がどっかへ行ってしまったがで、自分の息子を姑に任せて私の乳母に来とったもんです。その息子ぁ大きなって売薬に行ったら旅先で、偶然父親に会った。許してくれてその侠客親父が謝っとったいう。その乳母は後で富山の時計屋の女中しとったが、息子が砂糖問屋になったがで、後で裕福になって良かったちゃ」。

〔私の子供の頃はまだランプやった。毎朝ねいや共（女中たち）がランプの「ほや」いうガラスの器磨いとった、石油置いてある片隅にねまって。「おい」のが一番先に磨いて、各部屋のが順番にね。「おい」ちゃ入口の囲炉裏のある部屋。天井から長いじざい懸けてあって、その下の端が鈎になっとって鉄瓶なんか、囲炉裏の炭火の上にかける。横座の主人の後ろなんかに茶棚あって主人か奥さんが、お茶出せるようになっとる。荷運んできた者や小作料持ってきた百姓は、おいへ上がる前の板の上で計算済ます。普通の客も皆おいで話して帰る。遠路の客しか座敷へは通さなんだもんです。三信いう人は商業上大阪と関係が深かったがか、「大阪で買うて来たもんだ」てよう言われた。帰りに二等車乗ったら本願寺の法主《ほっす》の横だったが、並んで座ったままで来たちゃ」言われたら、ミツ婆さんな「さ、おまさ罰あたる。平生から仏さん一つ参らんから、そういう馬鹿なこと言うたらく」て叱っとられた。そっでも三信はベイや（女中）居るがにミツ婆さんの肩もんだげたり、気ぁ優しかった。

昔は屋根は瓦でなて板葺き、四方だけでなく（東）岩瀬も富山もみんなそうやった。その上に石載せたった、漬け物石みたい物ゴロゴロ。屋根板一年おきに葺き替えるがで、その板売っとった家が昔あった。私んとこ二番町（図10参照）の、今の中浜伝二のとこと今の唐笠屋、あこ二軒分だった。

それから遠藤て大工から餅菓子やに変わった家あって、その次はいま北陸銀行に成っとる。

タツ婆さんちゃキッツイ人で、私小学校へ入学する時も一人で出いて、べぇやもだれも付けてよこさんが。どこなちも（どこの家でも）母親ついて来とんがに。「富《とみ》と一緒に行かっしゃい」言われるが（富は腹違いの姉）、富ゃ校門入ったらさっさと自分の教室へ行ってしもた。どっち行きゃいいもんやら迷うとったら、草島屋のトップ屋（豆腐屋）のおかか、今の酒屋しとる寅次の母親居って、「あれ？ 誰も来とらんがけー。ならうちのミネまと一緒におられ」言うて、連れてってくれた。私寅次の姉と一緒に入学したがやちゃ。おらのこたぁ負けずだったれど、うちの両親ちゃ父兄会ども一遍も来てくれなんだ。

私ミカン箱に魚市のカレンダー張ってもろて本箱にしとった。日露戦争のとき一年生で、凱旋兵士迎えに出た。迎えるがに傘ちゃさされん言われて、雨たたきで並んどったが覚えとる。岩瀬から荻浦橋渡って彦助の浜、西岩瀬の海禅寺の前通って来るがで、一列に並んどった。あの頃ぁ荻浦橋ゃ二、三年ごとに落ちて、艀だしてもらわんにゃ渡れなんだ。あの頃の小学校の教室は障子で、廊下の外側だけガラスやった。袴はいて通学しとった。まだゴムの長靴なかったから、雪降ったとざいご（農村）のもんどもぁ藁沓《わらぐつ》はいとれど、おらっちゃ高下駄。歯の間に雪ゃ詰まるがでコロコロになって歩いとった。電信棒のところで雪落とせるがで、次の電信棒ゃ待ちどうして。やっと家へ着きゃ雪積もって道の方が高ぅなっとる。階段作ってあって、降りて行かんにゃならん。か、ほんとにおらの家だろかて覗いて見とった。

やっぱり夏の方がいい。大雲寺に祇園さん祭ってあるがで、七月一四日の晩、鉾《やま》みたいもんちょっこり引っ張る。漁師どもぁ網ごとにお鏡一重ねずつお供えする、子どんども浴衣着せてもらう。三、四軒屋台出るから喜んで駄菓子買に行った。大雲寺ちゃ曽洞宗だから禅宗だれど、墓は真宗のもんでも何んでも置かしてくれる。盆の八月一三日はお招来て迎え火やる。夕方浜へ出て「お招来、お招来」て火つけた紙束回す。新聞がみ巻いた四尺程のもん売っとった。燃えっさりは海へ流してやるが、農村でも墓の周りで松の枝傘にしたもん焼いてやっとった。

春、北海道行く船は米と縄・莚《むしろ》みたいもの積んでく。富山に近藤いう店あって何十把も買入れとったれど、ざいご（農村）のあねまらちゃ藁から縄なって売りに来る。「縄買うてくたはんせよ」て入って来るもんで、「なら、裏へまわらっしゃい」て、土蔵の前で買うてやっとられた。土蔵の前の廂から雀の子ぁよう落ちとった。巣に入れ戻してやっても又落ちとる。ご飯粒入れてやってもあんまり食べん。燕の巣はそうでない。馬の尻尾の毛で子供の脚結えてあるがだ、雀の親はかいしょなしや（不甲斐ない）と年寄ゃ言うとった。馬が通るとサッと燕が飛び出して行って、一本ずつ抜いて来っちゃ。

土蔵の前を戸前いうがで、七戸前ちゃ土蔵が七つあるいうこと。（東）岩瀬の宮城・畠山は七戸前。うちあたりは四戸前やった。米倉が一つ、真ん中の衣装倉は二階が着物で一階は客用の家具、茶碗やらお膳やら。塩もん倉は味噌・醤油入っとった。味噌は上から油紙で包んでしっかり紐で括って、三年越さんにゃ食べんようにしとられた。ほんとに醸すがだろうね。入口に近いとこに北海道から持ってかえった鮭ども何十匹も吊ってあった（土産でも気の張らんうちには鱒もってく）。それから鮭の筋子も桶に入っとるが。それから縄・莚みたいもの積んどった。

三信の時「でじょく」いう網（漁場の名？）やっとられた。うちが六分、向えの内田徳四郎が四分金出いて、内田が体かけてやってくれとった。内田のあーはん（息子とくに長男など）が魚持って来てくれた。フクラギも入っとりゃイカも入っとる、ごちゃ混ぜだちゃ。いっつも夕御飯終わる頃になって来るがで、たつ婆さんなそれからまた始末しとられた」。

四方町の魚市場は、明治期には「上の市場」が井本三左衛門に譲渡された時期があり、子の三信が場主の「上の市場」と、小島平蔵が場主の「浦の市場」が競争した時期が明治二十年代後半からあったらしい。統一して明治三七年一月一日付で四方魚市株式会社になった。仲よくという意味で丸中市場という名にした。社長に白石又七、常務取締役白石又三郎、取締役筆頭に井本三信の名が見える[31]。二人の白石が三五株ずつ（井本三信が五〇株。明治三六年一一月発足の漁業組合の発起人・理事にも同じ三人の名が見える）。〔魚せり売りの時は、流し台の大きいようなもんに載せテ「〜貫！」て叫ぶと、買うもんな値言うて二本指出す。人垣作っとって、チョッチョッと上手に指出す。決まると買手の名札つけて横へやる。その早いことはやいこと！　私こどもの頃よう魚市見に行った〕。

四方では中町の井本三次郎が和船一乗丸をもっており、〔元の藤之屋の隣の岸谷いうもんが船頭しとった。三次郎さの先代ちゃ船手らしい男やと、三信も宮城の爺はんも褒めとられた。そして和船三隻持っまでになっとったれど、嫁の「つた」さんな夫が日露戦争行っとる間に里の白石が網降ろす金借りるがの保証人のハンコ押したところが、不漁続きで返せんようになった。毎晩神明はんで毛布かぶって裸足参りのお百度踏んどるもん居るて噂たったが「つた」さんやった。ほして戦地から帰って来た夫が、その借金聞いて気やいくいて（気が変になって）しもた。それから「つた」さんな魚売りでも何でもして働くようになられた。元から真面目な人やったれど」。

3　日露戦後のカムチャッカ出漁で、四方の不利が拡大・露呈

〔米と藁製品持って春船な北海道まで行く。ほして帰りは北海道で昆布・にっしん（鯡）の他に、かたくり粉なんか積んでくる。ありゃジャガイモから作る澱粉。それにメリケン粉（小麦粉）やら、大きい一斗五升ほど入る袋に入れたが満載してくるが。ほしてその為に三信ゃ毎日「相場」見とって、電報うつが「いくらいくらで買えって」。それ見た船頭はんな「値合わぬ」とか返電よこす。「相場」は毎日来とったが、日本橋の蛎殻町の取引所の値なんか印刷してある。銀行かどっかから送って来るがだろうね、新聞みたいもん四つ折で帯封したもん。三信な「今日の相場来とらんか？」言われる。それ見て「買った、売った」て、家に座っとって毎日電報送っとられた。

かたくり粉やメリケン粉の値が合わんときは、蝦夷松やら何松やら材木積んでくる。材木積んでくるが一番面白ない、儲け少ないように言うとられた。そっでも空船で戻って来るわけにいかんから、材木積んでくる。戻って来るが四月ね。まず能登の小木に入って、そこから電報来る。それが

来ると婆はんらち、神様にお灯明上げとられた。ここまで来りゃ安心て、神様にお礼するわけだ。たまに小木でなく三国・敦賀へ入られることあったが。春の祭っりより前にもどって来とったね。四方の大宮（四方神社）の祭っつりは四月の二三日、長福寺の尻の角にあった神めはん（神明社）の祭っつりは九月の一七日だった、今は一〇月の一〇日になっとれど。（東）岩瀬の祭っつりは五月の一七日と九月の二七日、西岩瀬の諏訪神社の祭っつりと同しだった、西岩瀬から別れてったもん共ながだから。

富山湾へ戻って来た船やまず伏木へ入る。北海道から積んで来たもの皆んな問屋に卸で売る。ほして船は（東）岩瀬の港へ入れるがだれど、積んどる伝馬を四方の沖で降いて、かたくり粉の袋一〇とか二〇とか載せてよこす。四方の蒲鉾屋に売るがで、米倉の隅に置いとられた。丸久て反物屋あるでしょ、あこの母屋は相場調べとって色んなもん仲買いしとって、かたくり粉も買いに来たことあった。

空船《からふね》（東）岩瀬の港に置いて、乗っとる者だけ四方へ戻って来る。だれど大宮の祭っつりの四、五日居るだけで、今度ぁカムチャッカ行く。うちは西海岸いうとられた。誰か間にはいっとるがだろうね、三年契約いうとられた。こんどは塩一杯積んでく、取れた鮭・鱒漬けるがに。獲れ過ぎた時ゃ砂の穴掘って塩漬けで埋めてくる。明くる年に掘り上げて持って来るが、去年獲りのは値安っすい、山の方なんかに売る。カムチャッカで獲った物ぁ、店置いとった小樽で多少降ろいてくることもあったようだね、四方に戻るが、秋の祭っつりに間に合わんこともあったれど。

春船が北海道から戻って来たときでも、秋にカムチャッカから戻って来た時でも、伏木から（東）岩瀬へ船納めに行くがに四方の沖、手の届くようなような所通ってく。そうすっと「いま船魂《ふなだま》様、通られますがいね」てふれて来るがで、みんな浜へ出て来て、何カ月も会うとらんから金切り声あげて手振っとる〕。

〔起舟の祝いは九月の一九日、小さい漁船でも船持っとる家はみんな忘れん〕。この日付は間違いでなければ、町で異なるのかも知れない。『北前の記憶』一六頁にあるように、（東）岩瀬では二月一一日に行っている。戦前の紀元節筆の日である。〔ほして何んでやら料理に鱈の子付ける。表彰したりの行事もある。この日は上座に船頭はんおいて、江差追分を船主・船頭が一句ずつ唄う。三信な親の命日ながで日づらしとられたれど、よそから呼びに来ると行かれて、行ったと飲まんわけにいかんもんだから、飲んで帰って来てミツ婆さんに叱られとった。正月は船頭はんな羽織に木綿の袴はいて、回って歩かれた。

三信な県会の方も当選確実と言われて出る気になっとったが、宮城の爺はん・婆はん来て言われた。「あんた弟でもあって商売の代理してくれるがなら、こいこと言わん。一人ながに政界出たらたら商売どうなる」て。四方まで来てそういわれるもん、とうとう県会出るが止められた〕。確かに、ただでさえ四方の廻船業の不利は増していた。日清戦後、鉄道（北陸線）が西から入って来て砺波鉄道もでき、汽船も図14のようにが急増する。県外からの出資によるところが大きいが多かったが、汽船会社は地域別には図15に見るように、伏木中心に呉西に中越汽船・南島汽船・越中商船と並ぶが、呉東では（東）岩瀬が、馬場汽船の存在と共に、図16に見るように県内で洋帆船が最も多い。そしてそれに対照的に四方は、洋帆船一隻（三信所有）しかない。古代中世の大港「石瀬の湊」であるこの地が、神通川の転流で後から近世に生まれた東岩瀬にこれほどまでに、差を付けられてしまっていたのである。

和船でも北海道までなら行けるので図17Aのように明治三〇年代一杯減らないが、洋帆船が図17Bのように同三〇年代末から急増するのは、日露戦勝利のポーツマス条約でカムチャッカ行きなど北洋漁業が可能になったからである（但しがどちらの図でも伏木が低く出ているのは、汽船への切り換えが早かったためである）。そしてA図でもB図でも四方fは東岩瀬bに比べものにならない。貿易量の表4でも差は歴然としている。伏木は別格で、東岩瀬がそれに続くが、四方はそれらより一桁も二桁も低い。

三左衛門が持っていた三隻の和船一葉丸・永運丸・栄聞丸（第二章3節一六七頁参照）が、三信の時代にどうなったかについては、栄聞丸が明治二〇年過ぎに廃船になったこと、明治三五年に（東）岩瀬の米田元吉郎から二一反帆の神速丸を買ったこと（『北前の記憶』の5頁の註）、明治末に三八年頃から洋帆船栄久丸九五トンを持っていたこと以外判らない。和船は廃船になったか、小樽に廻船問屋を開く金に替えたかであろう。宮城彦次郎の船頭だった道井文次郎さんは、大正七（一九一八）年頃の話をするなかで、洋帆船はその頃の金で一万年円ぐらいだったと、言っている。[32]

露領漁業がニコライエフスクなどアムール河口・沿海州での「買魚」から、カムチャッカ漁に転

図14　富山県内の汽船噸数・隻数等系図など

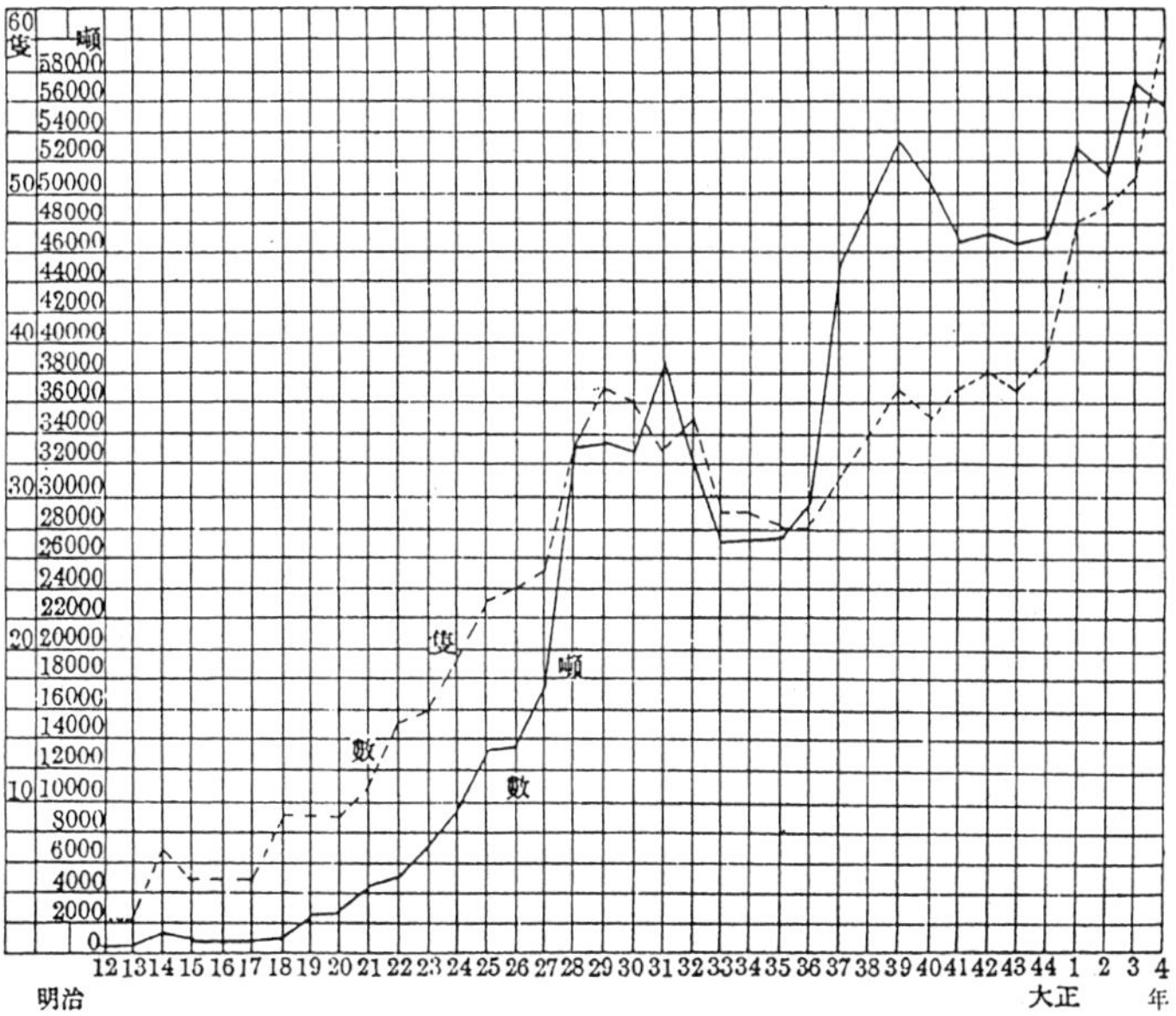

図15　富山県の明治期の海運会社概念図
（高瀬保『加賀藩海運史の研究』より）

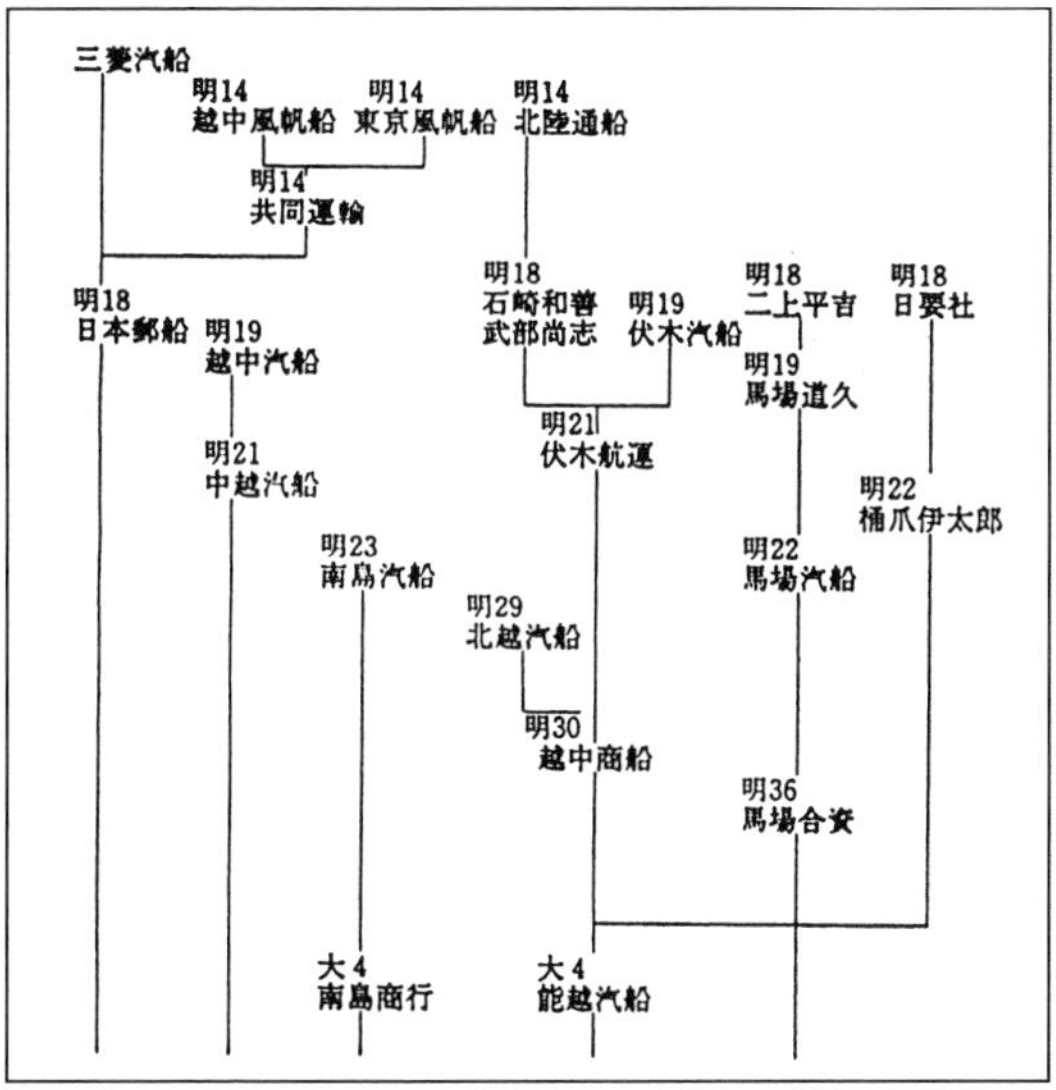

図16　明治末富山湾岸の船籍別船数（漁船をのぞく。明治38年12月）
（『見る新湊近代百年小史』昭和46年、78頁）

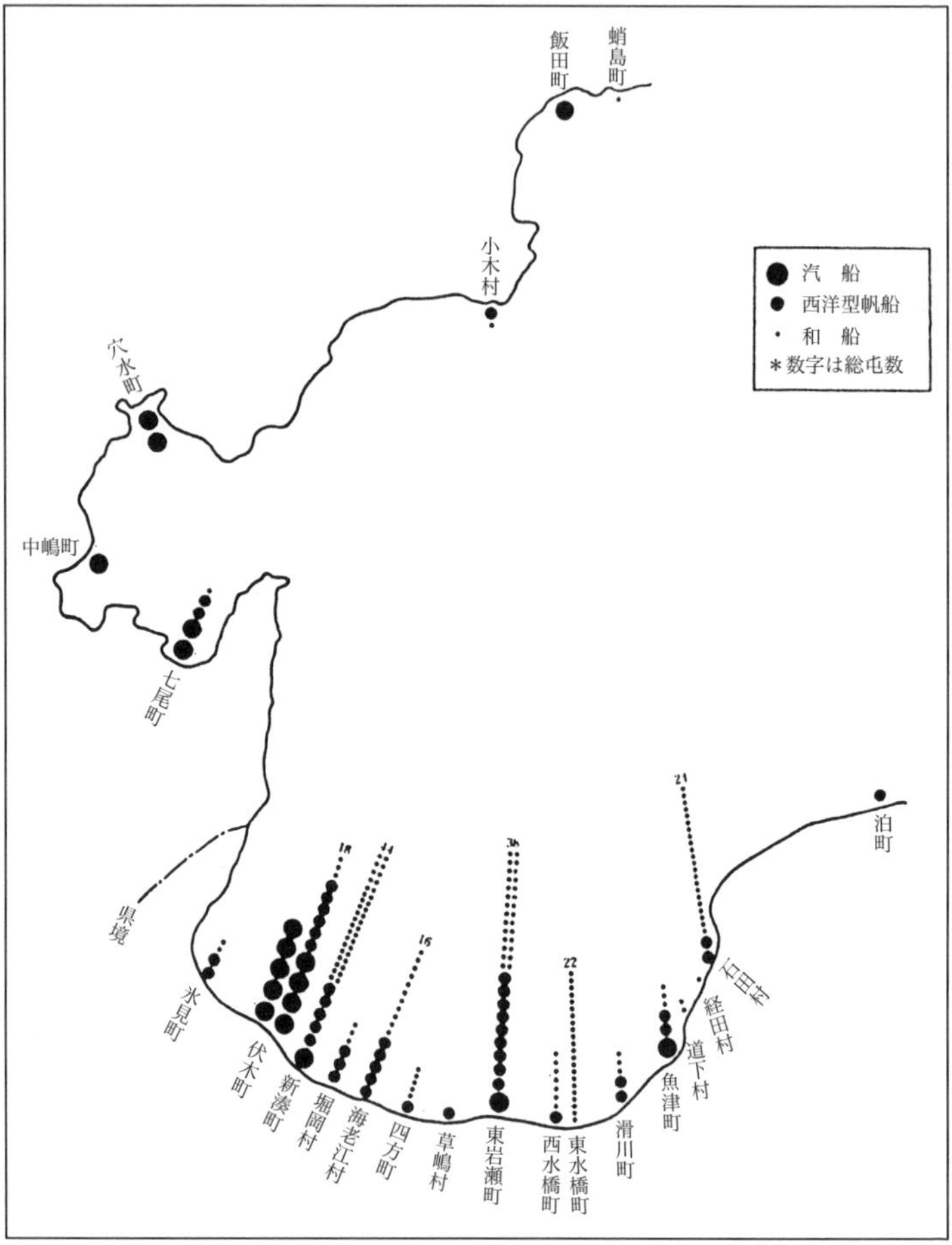

図17　各藩の和船から洋帆船への切り換え

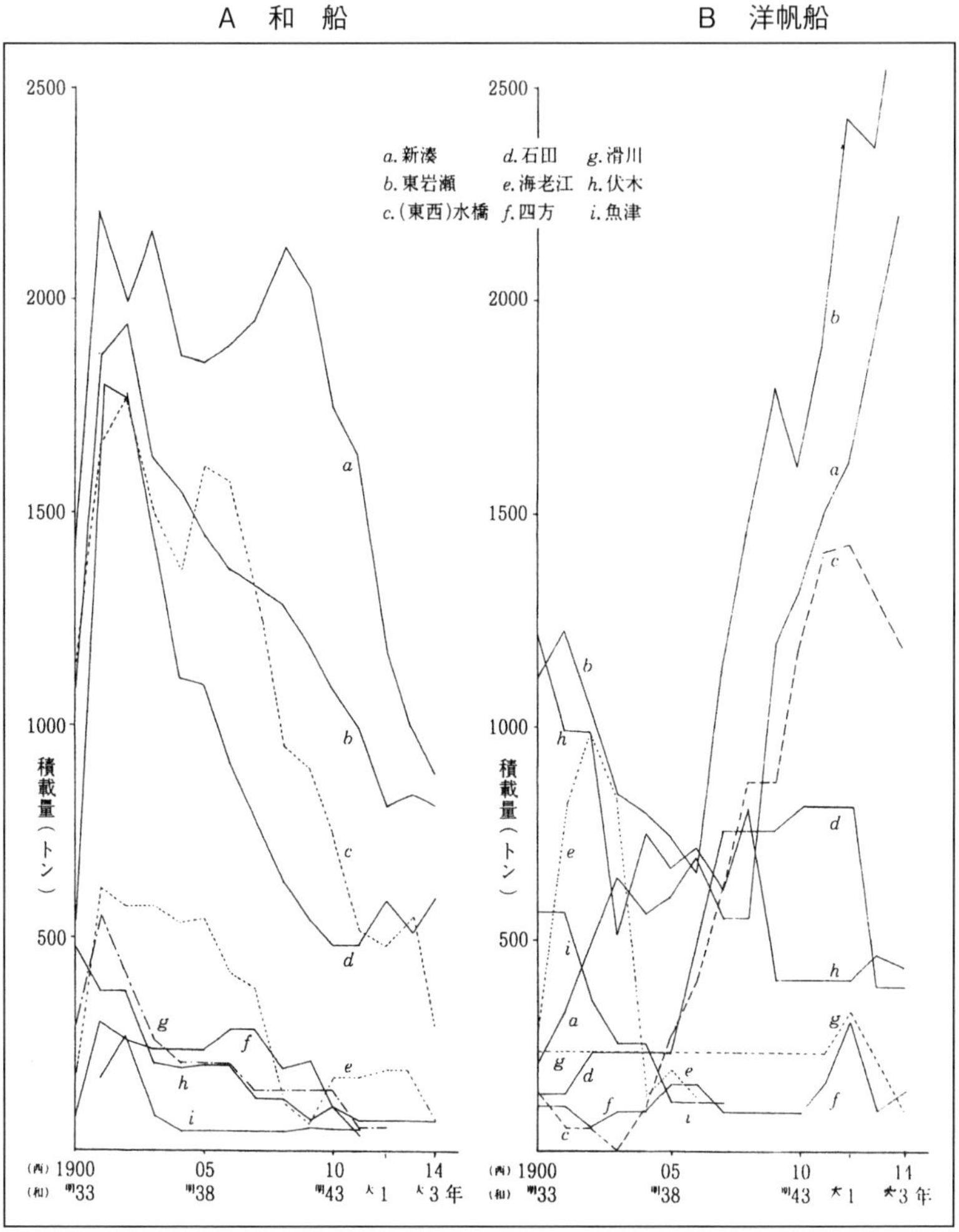

表 4　明治40年富山県港の交易（「明治40年富山県統計書」より）

港名	輸出			輸入				
	全体	北海道	%	全体	北海道	%	輸入の内訳 肥料	%
東岩瀬	854,630円	289,780円	34	1,746,700円	586,770円	33	490,470円	81
西水橋	164,930	164,930	100	50,339	50,339	100	50,339	100
東水橋	790,000	657,000	87	825,950	698,000	85	698,000	100
滑　川	785,565	729,740	93	279,520	141,550	50	133,660	91
魚　津	1,389,220	728,525	52	883,446	202,211	23	187,255	93
石　田	224,026	224,026	100	220,867	197,303	98	195,166	99
生　地	237,060	85,705	36	79,205	14,225	18	14,225	100
泊	186,938	146,508	78	20,550	4,500	22	4,500	100
四　方	110,140	35,150	32	69,520	50,950	73	10,350	20
伏　木	8,871,176	6,470,968	73	4,947,446	1,772,979	36	920,766	52
新　湊	432,519	320,587	74	853,760	401,796	47	358,523	89
氷　見	120,540	27,815	23	75,920	8,230	11	6,000	72
合計	14,166,744	9,880,732	70	10,033,243	3,727,057	37	3,069,254	82

じたのは、日露戦勝後のポーツマス条約て北洋漁場が開かれたらである。日本人には流氷の海と印象づけられているオホーツク海は、北太平洋の広範囲に栄養豊富な海水を供給する漁業上重要な海である。北緯七〇度のノルウェー沿岸にも現れない流氷が、北緯四四度の北海道の知床半島までやってくるのは、オホーツク海北西側の大陸（一月の平均気温マイナス三五度）から寒気がオホーツク海に吹き付け、サハリンの東側を流れる海流が海氷を運ぶからである。氷には塩分が含まれにくいので、オホーツク海では塩分の濃く重い水が沈み、五〇〇メートルくらいの深さまで酸素が入る。それで植物プランクトンが育ち、アムール川などで運ばれて来た鉄分と共に東へ流れるので、豊かな漁場が出来たのである。

しかしカムチャッカ出漁するには、洋帆船

に買い替える費用と、小樽・函館など北海道に足場を持つ費用とが必要である。〔三信な小樽市の海岸通りの色内町に双二階の店出いて、後でみずほ町やらに移られたれど、富山商業出た四方のもんと犬島栄、それから宮城の世話で中田いうもん置いて、年の三分の一は小樽におられた。そしてカムチャッカの西海岸に栄久丸送っとられた。船ちゃ一八枚張とか二二枚張とるとか、帆布の反数で船の大きさいう。二二枚くらいだと一二、三人も乗っとるが、栄久丸ども一〇人やった〕。

一方で四方の港は海食されて無くなり、漁船しか入れなかったから、戻って来た船は（東）岩瀬の河口港に、入れさせてもらわねばならない。〔今日は船を砂場へ引っ張り上げるがだ言うて、みんな手ッタイに（東）岩瀬まで行って綱引きしたもんです、一冬東岩瀬に置いてくるが。そして三月の声聞いて雪や解けると、今度はまた船降ろすがに、みんな揃って亦（東）岩瀬へ出かけて行くが〕。漁船は別だが、四方で大小に関わらず船らしいものを持つ者は皆このような不便を重ねていた。そして情報や相互援助でも不利が重ねられていた。〔宮城の彦次郎爺はんな私にこう言われた。おまさ（お前）のお父っつあんな小樽に廻船問屋出いた時分な、もう皆んなそれで儲けとった。もう少し早いに出さしゃら良かったもんに、始めたがおそかったわ〕。同業者が大町筋にずらりと並ぶ大港の（東）岩瀬に比べての四方の不利は三左衛門時代からあったが、三信の時代、殊に洋帆船・汽船に限られるカムチャッカ漁の段階では、決定的なものになってしまっていたのである。

第四章　祖父の不幸と転居

1　明治末にふりかかった不幸

三信と亡妻ツタとの間の男の子は死んでサヨ（明治二二年一〇月生れ）・富（明治二四年五月生れ）が残り、三信と後妻タツとの間も男の子も二人とも死んで、筆者の母だけが残っていた。明治の幼児生存率は低く、殊に男の子は育てにくいと謂った。〔サヨはうちの並びの高木いう家へ一七で嫁に行ったれど、相手が結核で亡くなって戻って来た。二年半ほど家に居ったあと、今度は北陸銀行の重役しとる浅野の息子、子供一人おる男のところへ再婚した。電灯は私の小学校三年か四年ほど（明治四二〜三年頃）から灯ったれど、その富山電気会社いうのが富山市の星井町にあった。その電気会社にぶつかって左へ入っていくと、黒い板塀のうち、そこがサヨ嫁いだ浅野の家やった〕。

このサヨの妹の〔お富さんな成績良かった。あの時分の小学校は尋常科四年に高等科四年、その八年間一番で通した。卒業式のとき一番・二番・三番は個別に免状貰いに出た。私は二番にしか成れなんだれど、お富さんは一番やった。ほして富山の女学校へ入っとったが、画才もあって、明治四二年九月に皇太子（後の大正天皇）の富山行幸のとき、水彩画が展覧の栄うけた。美人の上にこれで有名になったが、災いしたかも知れん。市内の諏訪川原の石黒いう家に、従姉妹の畠山の御代《みよ》はんと一緒に下宿しとったが、それを狙った男がおる」。

「明治三十四年一月、県令により、清国留学生学資補助規則が定められ、四方町からは小島半蔵の二男貞吉が選任され、清国の南京文書院へ留学することとなった。小島貞吉は帰国後三十七、八年の日露戦争に通訳」をしていたという。(33)〔富山商業で語学教えとるやらで、お富さんの所へも教えてやろうかと、ふらっと来たことあったらしい。お富さん貰いたいと三信に言ったが、家にのこして廻船問屋つげるに養子をほとんど決めてあって、相手にしなんだ。そしたら嘘ついてお富さん呼び出して襲ったもんだ。

一〇歳ほど年上で戦地・大陸三界歩いてきとる上に、宿屋の息子だから男女関係いろいろ見慣れとるもんだ。女中どもに金つかませて、下駄隠させてあったと。お富さんな夕方呼び出されて、お父っつぁん来とるがだと思って上がって入って見たら貞吉だったがでビックリして、逃げようとしたれど下駄隠されとる。ほして女中ども三人摑まって離さんかったと。

三信はどっだけ知っとったか判らんねど、お富さんは結婚したれどすぐ妊娠判って――。昔はおろす、中絶って習慣なかったねけ。お富さんな生むがに長い長い間かかって――。生きる気力ぁ無かったみたいで、妊婦も生んだ子供も死んでしもた。お富さんの夫は、お富さん居る間そばに床敷いとった。亡くなってからでもお線香とろうそく富の枕元おいて、「私が許す言えば死なんかったかも知れん、て男泣きしとった。

小島貞吉ゃお富さん亡くなった後もあらゆる嫌がらせした。貞吉ゃお富さんの分骨してよこせ、子供の骨よこせ言うて、三信に「決闘を申し込む」までした。三信なうっちゃって措かれたら、デマ言いふらした〕。明治三九年一一月に矢後町長が退職したので、三信が二度目の町長していたが、小学校改築の際、古材を使って不正をしていると貞吉が投書した。

「明治四三年三月一八日、突然富山地方裁判所検事局より永岡検事が書記をつれて四方町役場を訪れ、小学校新築に関係する会計書類などを押収し、四方警察分署に町長四方井本三信、助役蛯谷英雄等に出頭を求め、長時間にわたり取調べを行った。学校建築費の支出について不正の疑いあり、との訴えにもとづいたものであったが、調査の結果不正事実は全く無かった。この訴えは小島貞吉が井本三信町長家族との個人的感情問題から発生したものであることが判明した」(34)。

〔貞吉の親は恥ずかしかったか金沢へ移ってったが、本人な大陸で馬賊やらになったて聞いとる。あの頃の日本ちゃ、大陸ゴロいうが大分居ったたねけ。一〇年ほど経ってから東京の私らの家へやって来て、政信お父さんに「あんたがトミの義弟か」言うた。「お子さんおられますか」て訊いたら、「いや、身軽な一人もんです」いう答えやった。二、三日したら「シナ料理をご馳走したい」いう連絡が来たれど、政信ぁ「あんたにそういう心配はかけない」と断られた〕。

〔明治の末にミツ婆はんな「この家、あこもここも傷んできた、一遍手入れせっしゃいま」言われたれど、三信な「おら普請ちゃ嫌いでー」いうとられた。そこへ中浜伝次が親戚筋の村上の家を買ってやってくれ、「ほして今の井本はんの家はおらに売ってくたはれ。自分で普請すちゃ」言うて来た。中浜伝次は親が宮城彦次郎との関係で北海道・利尻の昆布や鰊仕入れとったがで、うちへもちょいちょい来とった。三信なその気になって移る準備しとったら、村上の都合がかわって宙ぶらりんに成ってしもた。丁度、例の小島貞吉の親が金沢へ去ったあとの家が売りに出とって、宿屋だった家やから大きい。他に十分な大きさがある売り家は無かったから、お富さんのことで思い出良うなかったが、そこへ移っておいて良かった。一年も経たんうちに大火で、中浜に渡いた家の方は何んもかも燃えしまったねけ」。

2　婿探しと阿波加

〔小学校は私の頃から尋常科六年に高等科二年、そのあと余裕さえありゃ女学校行かしてもらえるが普通になっとったれど、お富さんの事件あってからタツ婆さんな厳しなって、「おまさに何んかあったと、おらと一緒に神通川入るがだぞ」言われて、女学校も行かして貰えなんだ。だから私ABCも知らんかったが、後で政信お父さんにそれだけ習ろたが。ほして代わりに厳しい厳しい、お茶人の家に預けられたが。座布団敷いとると「人にもの習うがに、座布団敷いて習うちゃ、さ、心得違いですぞ」言われる。サヨや富《とみ》は越前琵琶や三味線習ろとったがに、私お茶なんか習わされて。陰気くさて嫌いやった。富山市の古鍛冶町の密田勘四郎さの、間口四間の家の前通って、薬種問屋の松井伊兵衛の隣の家やった。月に一遍四方へ戻るだけ。

お富さんの夫は去ったから、元々息子の居らんかった三信な私の婿探しせんにゃならんようになった。三信な滝にうたれたりする旧式オヤジでなかったれど、大岩の滝へ静養に行って、風呂上がりに酒呑んどったら、阿波加いう政信の一族が隣の部屋で飲んどったもんだ。そのうちに襖とり払って一緒に飲もうということんなった。ほしておらことここの息子おる、おらとこ娘の婿探しとる、そりゃ丁度いいいう話になったいう」。

筆者の父政信が（明治二四年に）生れた家は（東）岩瀬と富山市を結ぶ街道の東側、豊田村の水落という集落の二九番だった。水落に阿波加という家が二軒あって、その一軒が政信の父作次郎だった。田地一五〇石の旧い農家で、天井には蝙蝠がバタバタと音を立てていた。阿波加という万葉仮名の姓は倶利伽羅峠で敗れた平家の落ち武者のものと、聞かされてきたと政信はいう。地図で石川県内の県境近くを見ていたら偶然、阿波加という集落名が目に入ったから、そこから富山県方向に広がって来たものであろう。高岡や魚津にもこの姓が見られる。

東富山の駅に近いJR線沿いのなので、遅れそうになると線路を走って行って汽車に乗ったという。汽車の中から母親に手を振ったり、柿の木の目立つその屋敷内にある墓に手を合わす父政信を見たことがある。村で寄合があると石高順に並ぶので、財産分けで石高が減って順位が下がっていくより養子に出す。殊に政信は後妻の次男だったから、学問だけさせてもらったと言う。「水落のお婆さんなしっかりした人で、政信に「おまさ三角田の一枚ぐらい貰ろたて何にもならんさからい、学問せしゃい。体に付けといたもんな落ちてかんがだからて、幼い頃からそういうて来ました。あの子だけ毎日学校からかえってくると、おっ母《か》はん今日学校でこぅいぅこと習ったが、て話しましたがいね」言われた。このお婆さんの里は大庄の、孟宗竹の生える大きい屋敷だったらしい。二百坪や三百坪でない豪農で、毎年春になると筍貫って担がせて来られた。政信お父さんな子供のときから農家の裸馬に乗っとられたが、富山中学からはボート漕がれた。昔は寄宿制やったから帰ったらすぐ復習して、それからボートに行った言われる。だからボートやっとる者はみんな成績悪いがに、金沢の四高に入られた」。

3　三信と政信の楽しみ

〔政信が金沢で最初に入った下宿は、医専の学生と看護婦が心中した部屋だと聞かされて嫌気がさし、すぐ引っ越した言われる。ほしてこんだ入った下宿は、行李の中まで探いて洗濯物洗ってくれる爺さん婆さんやったと。正月水落から行くときお婆さんが餅かって（搗いて）持たしてやったりするから。政信が金沢から帰って来ると水落から「きのう帰られましたいね」て案内が、下宿がくれた森八や石川屋の菓子と一緒に四方に届く。そうすっとタツ婆さんナ、魚持たしてやられた。

政信な水落と金沢の間往復しとられたから、私はあとまで政信お父さんに会うたこと無かったれど、三信な毎月会うとられた、九師団に米納めとられて金沢へ行かれたから。私あ親子の楽しみしとられたがだ、息子できて、と思ぅとる。ほして行ってくると必ず「よー食うにも飲むにも、ほしてお父っあん小遣いくたはれ」言われたて、嬉しそうに皆んな居る夕飯の席で話された。「この頃の若いもんなずうずうしい。なん、おら未だ宿の払いせんにゃならんがだ、て財布抑えて帰って来た」て、冗談めかして話しとられた。

九師団ちゃ金沢本拠だれど、その六九連隊と騎兵だけの三五連隊な富山にあったがで、(35) その競争入札は本拠の金沢でするがで、自分でゆかれた。三信が欲の薄い人やったからか、初めは何人か競争者おったがに三年通うあいだにいつも井本に落ちるようになって、そしてその制度止めになって、いつも井本から買うことになった。タツ婆さんな「あんた、よっぽどで安値で売っとられるのでなしけ、そっで商売になっとんがけ」て訊かれた。「なーん、いい商売になっとる。軍隊ちゃ三〇俵や五〇でない。安ても毎年大量に売れとるから、こんないい商売ない」て言うとられた。

4 栄久丸難破と三信の死

池田久吉さんはこの頃の四方の船、例えば中浜粂次郎の得寿丸が北海道西岸の天塩や利尻にも行っていたことを、語っておられる。(36) この北海道西岸の南部、岩内で三信の洋帆船栄久丸も難船した。〔四月の初め、春船だからこの航海ゃカムチャッカ行きでなて、北海道までだったから大した儲けにならんがだれど、乗っとるもん共の給料は出るがで、行かしてくれいうが認めとった。ところが着く前に凄い波風で、横波で座礁した。あっちに錨下すこっちに綱かけるして、底が砕けとっかどうか船長が見に船の下へ入ってとって、その船長助けとる間にはや、どうにもならようになって荷物出せなんだ。人みんな助かったから寝覚めは悪ぅ無かったが」。

序章で図3を用いて説明したように、富山湾に激しい海食の一因である「寄り回り波」という高波の発生源は、北海道西方海上に生ずるもので、岩内はその地帯の積丹《しゃこたん》半島の南側の奥まった位置にあるので、津波などと同様、狭まった所では水位が高まるので、高い横波で岸へ打ち寄せられたものと思われる。つまりこの難破も亦、四方町地域の海食の原因である、日本海固有の構造に起因していたのである。

栄久丸の難破で四方は唯一の（洋）帆船を失い、したがって北洋出漁者はいなくなった。残った和船について井本三則さんは語っている[37]。「大正後半に四方で船持っとがで一番大きいが中浜金太郎・伝次の兄弟じゃろ。あとは布目専太郎・布目幸次郎・浜谷源三だね。浜谷ぁ浜屋いう船大工で、利尻の漁場に家構えて和船もっとったが、大正六年に沈んだ。こん時の船頭は栄久丸沈んだとき船頭しとって助かった三一郎だれど。今度は戻って来っしゃらなんだ。今の反物屋の丸久（蛯谷）の主人もう九十にもなっとろ。あん人の父親、自分の持っとった二〇トンほどの船、おもしない（うまく行かない）言うて売ってまで、浜屋の船に乗り込まっしゃったがに、死んでしもた。全員ん行方不明だちゃ」。

「栄久丸難破の電報来たら三信ぁ布団かぶって寝とられた。そのうち起き上がると金沢の政信に、新聞記事の「井本氏所有の栄久丸北海道沖にて難破」いうが、切り抜いて送られた。ほしたら政信から毛筆で巻紙に書いた鄭重な慰めの手紙来とった」。筆者も父が巻紙を片手に持って筆でサラサラ書くのを見たことがある。農村の明治二四年生まれにはそういうわざが継承されていたらしい。

「それから三信ぁ金沢行かれずに亡くなられた。私が富山の茶人の家から戻って来て敷居のところで挨拶した時、「おら、お父っぁん、死んでもおまさのしんしょ（財産）だけはと思とる」言われた。ほしてタツ婆はんと私、お風呂屋へ行って帰って来たら亡くなっとられた」。あきらかな自死であった。

「タツお婆さんナ頑張って、親戚にもかくして芝居された。浅野へ嫁《とつ》いどるサヨの電話にも「なに馬鹿なことというとる、脳溢血じゃ。三左衛門爺はんも脳溢血じゃった。井本のうちは脳溢血すじだろわいけ。むたむた言うとらんで体きなさい、忙しいがだ」、いう調子やった。私お葬式の時初めて、それまで会うたことの無かった政信お父さんに会うたが。習慣だけね白裃《かみしも》に笠かぶらされとった。ミツ婆さん・タツ婆さん、女どもは白い緒の草履はいとった。魚市のもん共や田圃つくってくれとるもん共、侍みたいに裃着て行列で歩いてくれたちゃ」。

大正四（一九一五）年四月二七日付けの弔詞が残っている。日本赤十社の特別社員だったので同社の社長からと、同社富山支部長から、それに四方農会長の本郷清定から。大正八年までが任期の郡会議員でもあったから、四方町巡査部長派出所を大正四年八月に同警部補派出所に改築の際の新築委員一四名の筆頭にも、大正八年の牛ヶ首用水組合会議員の中にも、井本三信の名が残っていた。

思うに祖父三信の自死は、三左衛門時代からの不動産などがあって家族がなに不自由なく暮らせ、娘婿の政信に悠長な学生生活を続けさせていたから、経済的窮迫によるものではない。また持ち船の海難は自然災害であったから、担ってきた名誉職・社会活動を続けるのに支障をきたすものでもない。家業である廻船商・北洋出漁が満足に継承できなかったという自らへの不満が、自己否定の原因になったのであろう。

5　（東）岩瀬への転居

〔三信亡くなられた時、「おら実のおやじ死んだ時よりガッカリした」て、政信お父さん言うとられた。

その時、政信お父さんな金沢の四高の卒業期で、ミツ婆さん・タツお婆さんと私残った。三六歳で未亡人になられたタツ婆さんな、宮城の兄に相談するて（東）岩瀬へばっかり行かれる。そして「何するにも相談相手ないけね（東）岩瀬へ移らんまいか」言われる。どうなるいね、おらとミツ婆さん付いてくことんなった。ほしたら宮城の彦次郎爺はんナ、「おまさとこのお父っつぁんな道具ずきで、その蔵のもん売って来んにゃどこにも入れん。おら信用する道具屋さし向けるけね、たて売りせい」言われた。そって長福寺で公開の競《せ》り売りしたちゃ。こういうときは義理買い謂うて皆なほっとかんもんです。一遍いって見てこられませて言うて来てくれて、気に入ったもん買っててくれる、書画なんかね。刀ども沢山あったがタツ婆さん荒縄で括って出しとられた。畠山の爺はんも来てくたはれた。おらから言や義理の伯父だちゃ。宮城の彦次郎爺はんな、畠山にも枡田酒造にも娘ども（タツの姉たち）やっとられたからね。

ほして私ら四方出て（東）岩瀬の、新町の角の枡田はんの向かいへ移った。道挟んで畠山あって（いま谷野医院）、そこから大町や始まる。その大町の端に宮城の爺はんの家あったから。タツお婆あはんにこんないいとこ無い。毎晩夕飯すんだらそこら行かれる。だれど宮城の爺はん言われた。「おまさ不幸せだった。しんだいちゅもんな親の命や長けんにゃ続かんもんだ。おまさとこぁ三左衛門な三信が二二のときで死んで、おまさの親の三信も五〇になっとらんだ」。

政信は三信の三《み》・七日済んでから、井本の敷居跨れた。それから大学卒業され出るまで、私ら（東）岩瀬におった。その頃の大学は九月からだった。それから大学行くがに東京へ出てかれた。その頃（東）岩瀬で大学へ行っとるもんへの仕送りは一人は月二〇円、一人は月一五円で、政信だけ二五円で、米二石、四斗俵五俵も貰とったことに当る。だれど三信の決めてった事だと、負けん気のタツ婆さん変えられなんだ。だから政信お父さんは東京で悠長な生活しとられた。宿で一番いい、縁側付きの八畳の部屋で、床の間の生け花を宿の奥さんな替えてくれとった。

そっでも（東）岩瀬で私、縫いもんしとったのよ、何もする事ないから。仕上がるとまた宮城からどっさりこいと四幅風呂敷に包んで、べいや（女中）が持ってくる。大きな盤出してタツ婆さんと両側に座って縫っとたちゃ。」

第五章　父母の代の再建

1　後継ぎ娘一六歳の抵抗

〈可愛がってくたはれた宮城のお爺はんな鰤《ぶり》網しとられたがで、私らにも毎日でも魚持って来させられた。だれど栄久丸沈んだとき積んどった荷ゃ、宮城に頼まれたもんだったがで、それ無くした井本が借金負った形になった。それで宮城の婆はんな私に、「おまさ証文書かっしゃい」言われた。私一六の娘よー。そこに母親のタツ居るがで私言うた。「なら、おっかはん書かれよ」。そうすっと言われた「そうは行かん、おタツまはおらと親子だ、親子ちゃそいもん書かんでいい。三信の子のおまさ書かっしゃい」。私涙でたよ、親子いうがなら私も孫でないけ。だから後で彦次郎爺はんナ怒られたと。「親早死にした不幸な孫に、どしてそんなもん書かせんにゃならん。なんでおらに聞かせなんだ」て。

その頃の金で七二一円五一銭、三信の遺したものから直ぐ払えたれど、払い済んだとき私三信の仏壇の前で泣いとった。ほしたらタツ婆はんな、「そんなにおとましかったがか」言われた。それ聞いて私腹立った。母親でも娘の気持ちこんなにも解らんもんかて。その証文いまだに遺いてあるの。私死んだら燃やいて頂だい。

ほしてもう一つあった。政信お父さん大學在学中に病気で休学されて、一年伸ばして大正八年まで居った。その頃の学生ちゃ、みんな結核やるがね。湘南の茅ヶ崎の南こう園やらいう東洋一のサナトリウムに半年入っとられた。私タツ婆さんと善光寺参りに出て、ここまで来たがだからて、政信の療養所も見舞って来た。だれど後が悪かった。タツ婆はんの姉妹全部が枡田はんに集まっとる時刻に、私の従兄の枡田の敬一郎ナふらっと入って来て、皆なから「ことづけ」頼まれて来たいう。この人、政信お父さんと富山中学同期やった。ほして言うがだ。「政信な結核だ、肺病ちゃ家の根から絶やすもんだ。岩瀬に一五日居ただけで、まだ籍も入っっとらんがだから別れろ、て伯母さんらち言うとられる」。

私可愛がってくたはれた宮城の爺はん亡くなられた後だった。みつ婆さんな向こうの部屋にやすんどられて、誰も味方おらんが。そっでも私言うたが。「親が決めた縁に過ぎんから構わんねど、そんならおらも条件ある。私にもう再婚させんこと、みんなにそう、言うてくたはれ」。井本の跡絶ることになる責任押し付けてやったことになる。大正八年三月に私が信夫(政信の長男、筆者の長兄)生むまで、政信の籍は井本に入れて貰えとらんかったがです。

みつ婆さんな、同い歳の宮城の彦次郎爺はんが大正七年に八二で亡くなられたとき、「あれー、いい事せられたやぁ」言うとられた。ほして政信な大学卒業する八年の二月に寝込まれた。その三月に生まれたひ孫の信夫こと、「ねねの声聞こえる」、「聞こえん」て気にしとられたれど、一月程して亡くなられた。お医者さん呼んでもどっこも悪いとかありません言われる。四方に居った頃から馴染みのばあや看護に付けとったが、四月に入って何やらおかしい言う。行ったら水飲みたい言われて、それ呑ませて上げたら、しゃっくり一つしてカクッと逝かれた。

　政信お父さん退院して七月に大學卒業され、東京で職に就かれたがで、私二一歳で一歳の信夫連れて、タツ婆はんも一緒に東京へ出て行くことになった」。

2

「政信お父さんナ、農学部で造園が専門だったから、東海側での生活られれたがで、卒業と同時に明治神宮造営局に入られた。だから私らと合流して、渋谷に家構えられた。駅前に赤シャツ屋いう洋服店あって、駒場からそこへ道来とった。その頃ぁ農学部は駒場にあったから、そこを大正八年に卒業したいうがで八駒《やこま》会いう同窓会つくられた。渋谷の家は、忠犬ハチ公の飼い主やった上野先生の家の前通って道玄坂上がってくが。

　政信お父さん最初の給料貰ろて来られたとき、仏壇の三信の位牌の前に三日ほど供えてあった。ほして袋開けずにタツ婆さんにわたされた。タツ婆さんな「えっ、ご馳走《つおう》はんな」いうて受取られて、そのまま私に渡された。私それ受けとるときに中から一定額タツ婆さんに渡いた。お茶やお花の仲間とつきあって行かれるがにも小遣い必要だからね。それからずっとその習慣になった、四方に家再建してタツ婆さんがそちらに帰られるまで。

政信お父さん作られたな神宮の内苑ちゃ、昭憲皇太后のお気に入りの茶室の前に代々木の森と大きな池あって、沿って歩いてくと菖蒲園に続く。端に清正井戸いう泉が湧いとる。ああいうとこに加藤清正の屋敷あったがかね。明治神宮ちゃ、全国から奉仕団集まった来て作ったもんです。そしたら私らの渋谷のうちへ、「富山の打出の西尾でござんす、神宮造りのてったい（手伝い）に来とったがでぇ」、て寄ってくれた者ぁおる。うちの田圃《たんぼ》一番沢山作ってくれとった西尾いうもんやった。毎年小作料送ってくれるがに、私らの東京の住所まで知っとったがだね。後で私ら四方に家再建した時にも、「よう帰ってきてくたはれた」て、わざわざ餅ペッタンペッタン搗いて持って来てくれたちゃ。

大正一二年の関東大震災の時は、兵庫県に居った。お父さんな明石公園つくりに行っとられたからね。九月一日のその昼に関西でも時計止まったが覚えとっちゃ。まだみんな振り子時計だったからね。そしてこんだは帝都復興事業いうが始まって、お父さんな横浜の公園造りに関東へ呼び戻されたが。そして横浜に三つ公園造った。赤い靴はいた女の子の山下公園、動物園のある野毛山公園、ほしてコットン・ハーバーに近い神奈川公園ね。

（東）岩瀬の山崎覚太郎という画家が四谷の若宮町に家建てたから庭頼みたい言うてきたがも、お父さん指揮されて、あと部下にまかされた。そして出来たから年より奥さんから見てくれ言うて来たがで、私とタツお婆さんとお父さんに連れられて見に行ったちゃ。広い邸だったれど戦争中軍にとられたて聞いとる。（東）岩瀬の馬場はん、今でも昔のままの小さいくぐり戸ついとる引き戸残しとられる。馬場はるさんちゃ[38]、五、六年前か六、七年前に亡くなられたれど、東京の牛込めの邸造られたとき、政信のお父さんに庭頼まれたもんだから、出来たとき私とタツお婆さんも一緒に招《よ》ばれてった」。

3　四方の墓・家の建て直し

四方魚市株式会社（第三章2節）は明治三七年一月に統一して、社長に白石又七、常務取締役白石又三郎、取締役筆頭が井本三信だったが、政信の代になってからは東海側に居たので時々しか行っていなかった。（昭和九（一九三四）年になって混乱が露呈したので政信お父さんが社長に成られ、帳簿に明るい中浜謹太郎が会計支配人に、富山中学で一年下にいた高木さんが監査に、三信と「でじょく」の網を一緒にやっとった堅い内田徳四郎の息子に取締役になって貰われた。それからは七月と一月の二〇日の総会に必ず行かれるようになっとられた。

その頃から私、四方の墓立て直したなって、「誰かの何回己いうこと無ぁても構わんね」て長福寺のごぎはん（権現さん）に訊いて、大雲寺にあったが建て直した。墓地の中心の通りの一番目立つ所買って、永もちするいい石とり寄せられてれ建てたが。政信お父さんな造園の関係で石のことも詳しかったからね。古い墓の石も、手前の花置きなんかに上手に活かされた。

ほして二、三年してこんだは家も、四方に再建したが。南町の県道通っとる角、日海の蒲鉾屋の斜向え、駅に近いから井本が四方に戻って来たって誰でも気つく。もう戦時制限あったから二階は屋根裏部屋みたいにしか出来なんだれど。賑やかな建ち前（建築祝いの振る舞い）したちゃ。魚市から一斗と（東）岩瀬の宮城彦次郎家から一斗と、うち自身のがと、三斗の赤飯を握り飯にして屋根から撒いたちゃ。近所のもん皆んな集まって来て、前掛け広げて受け止めとくれた〕。跡継ぎ娘の母には、四方に家を再建することが執念だったようである。

〔戦後、政信お父さんな四方へ帰ってこられると文房具屋の池田、魚市の布目久三や酒屋の草島屋なんかが担いでくれたがで、町長選挙に出られた。ほして造園・都市計画関係でずっと内務省所属だったけね、内務省に掛け合って荻浦橋を昭和二五（一九五〇）年に、現在の鉄筋コンクリートの頑丈なものに架け直させられた〕。

父政信は昭和二九年（一九五四年）に四方町と倉垣村・八幡村を和合町に合併する仕事を終え、一九五七年に六五歳で亡くなった。和合町はその後、昭和三五（一九六〇）年に富山市に合併された。

まとめ　筆者による歴史的把握

祖父三信の不幸な死は前述のように、家業である廻船商・北洋業が継承できなくなった自己への不満、それによる自己否定であったと思われる。しかし本人がそのように自己を責める必要はなく、失敗や不幸の原因は地勢的・社会的なもので、個人的なものではなかったことを本稿は指摘したつもりである。社会的というのは若年層の死亡率が高く一人っ子だったため、志望・性格に反し家業を継がなければならなかったこと、曾祖父三左衛門の時代だけに和船で越中海商が発展できた条件があって、その遺産相続で名誉職や政界に祭り上げられたこと、大陸ゴロ横行の時代だったこと、不自然な妊娠の中絶が普及していなかったこと等である。地勢的というのは四方町地域（打出～西岩瀬）が海底谷・寄り回り波による大海食と神通川東遷地帯で、漁港以上の機能が失われて航行上・営業上不利そのものだったことである。

これらの客観的な原因の現れであったからこそ、家族史までを書かせてもらったのであるが、母の泣きながらのその回想談を聞かされていなければ、自然科学者だった筆者が『北前の記憶』を編集することなど無かっただろうし、北陸の米移出反対史から全国米騒動の研究に手を染めることも無かったであろう。しかし四方地域が、「大海食・神通川東遷に災いされた悲劇」の地だったことに気づき、祖父の霊を慰めるのにも役立て得たのは、序章に記したような古川知明氏ら富山市埋蔵文化センターグループと千葉元氏の、音波探知による海底探査が四方沖にかつての海岸線護岸壁が沈んでいるのを発見してくれたことによっている。歴史認識における科学的方法の重要さを、今更に痛感させてくれるものである。両氏に深く感謝したい。

註

（1）井本三夫編『北前の記憶——北洋・移民・米騒動との関係』桂書房、一九九八年一二月
（2）同著『水橋町（富山県）の米騒動』桂書房、二〇一〇年九月
（3）同著『米騒動という大正デモクラシーの市民戦期——始まりは富山県でなかった』
（4）古川知明「考古学が明らかにする中世岩瀬湊の実像」二〇〇三年一〇月二六日、日本海北前シンポジュウム、於西岩瀬海禅寺
（5）田山利三郎・佐野義久「富山湾の海底地形と地質調査の一部」『富山湾海岸浸食調査報告書』富山県海岸対策協議会編刊、一九五二年
（6）山口良三「打出浜の海底調査について」『中間報告』第一号、富山県海岸対策協議会編刊、一九四九年
（7）吉田清三『富山湾の海難と寄り回り波』（自刊一九八七年）
（8）二〇〇四年九月一一日に四方コミュニティーセンターで行われた「日本海文化を考えるゼミフォーラ

ム」山市教育委員会主催
（9）「『海中から中世岩瀬湊を探る』15年度海底探査報告」『富山市日本海文化研究所報』33号
（10）『四方町沿革史』大正八年一二月
（11）『富山県史通史編　Ⅲ　近世上』六七六頁。『四方町沿革史』二〇三頁
（12）深井甚三「近世前期、湊町西岩瀬の移転と構造」『北陸都市史学会誌』11号、二〇〇五年三月
（13）「三ヶ国内珍儀書上」前田家文書、富山県立図書館蔵
（14）大場家文書「覚書・5」
（15）布目久三『西岩瀬郷土史話』二七頁、一九八七年に自刊
（16）川竹駒吉『江差』明治三四年刊、昭和四九年復刻
（17）前掲『西岩瀬郷土史話』一〇二頁
（18）「漁猟在郷町の住民運動――富山藩四方町の場合」『日本歴史』一九八八年九月
（19）布目久三『四方郷土史話』二四二頁、一九八二年に自刊
（20）『富山市内廻船問屋調査報告書　富山市日本海文化研究所紀要　第三号』五三頁
（21）同上、三五頁
（22）同上、三五頁
（23）高瀬重雄著『北前船長者丸の漂流』清水書院、一九七四年
（24）柳沢善吉『函館商業史の一環』道南の歴史研究協議会、一九六六年。渡辺慶一「越中諸港と蝦夷地交易の一齣」一九七〇年三月）
（25）前掲『富山市内廻船問屋調査報告書　富山市日本海文化研究所紀要　第三号』三七頁の表を転載
（26）西岩瀬は古くは梅津の湊とも謂われた。

(27)『北前の記憶』一五三頁上段で東岩瀬の米田六三郎さんが、刀のことで「井本の庄屋」と語っているのは、彦の付く井之本屋だったのではないかと思われる。
(28)前掲『四方郷土史話』二六〇頁
(29)同二五五頁
(30)『北前の記憶』二三五頁に記されている加福丸か。
(31)註(29)に同じ。
(32)『北前の記憶』二一頁
(33)前掲『四方郷土史話』一七二頁
(34)同一八六頁
(35)その関係は『北前の記憶』三七頁の註(6)に詳しい。
(36)『北前の記憶』三四頁
(37)同六頁
(38)近年『馬場はるとその周辺』を上梓された大村歌子さんの誘いで、筆者も馬場家のライブラリーに北前船関係などの文献を数箱寄贈した。

「米騒動」を〝土下座・哀願〟にかえる『富山県女性史』の警察史観

井本　三夫

高井進編『富山県女性史』（桂書房、一九八八年四月）は富山県「米騒動」の有名さのため女性史に関心ある人に広く見られる可能性があるので、この本の性格について見ておかねばならない。編者高井進が巻頭第一章第一節に書いている女性史観から見てゆこう。この節の二六頁中の半分一三頁は、外人・外国書が日本・富山県の女性をどう見ていたかを、時代順に追うことに使われている。古代から戦後のアメリカ人のものまで一通り揃えた労を認めるが、各期の社会構造からの分析が付けられていないせいか、外人の目から見た風俗史的な感じがする。殊に巻頭第一頁に、ふんどし一つの三助が芸者の背中を流している女湯場面を大きく掲げているのは（ビゴーの「絶品」と言おうと）、その感を与える。

理論的記述としては、中世まで母系制が支配的だったとする高群逸枝の説を挙げるだけで、それを「生活形態を決定づける最も強い要素は、生産様式ではなく、男女の性の交わり方であろうが、その交わり方に変化がない限り社会の在りようにも変化はないという前提に立つ」と要約する。最後の七頁で婚姻・相続などの法律・宗教での女性の処遇を概括し、さきの外人・外国書の観察にも、この法律・宗教での処遇にも女性差別の事実は記述されているが、各時代の如何なる社会構造によるものかについては「多くの女性史研究者は、その変化は生産と消費の様態の変化によって生じたことを指摘している」ですましている。

序文を頼まれた脇田晴子は、高井が「被害者意識で女性史を書くのではなく、国家・社会・家族を形成してきた人間的側面を照射」し「肯定的視点で書く」と言っていたと、推奨のようである。もちろん被害者意識だけでは困るが、それを踏まえ、それに打ち克ってきた抵抗・達成の過程も書く動的観点なしには、被害を見過ごし体制側の立場で書けというように近い。

脇田は高井が神戸大学の「先輩」だから序文を頼まれたといい、執筆者のほとんどは高井の高校教員時代の「教え子」だという。富山県の地方事情を知らない脇田が、「米騒動についての女性たちの活躍を伝えて、あますところがない」などとほめ上げるが、どうであろう。米騒動について書いている二五三〜二六九頁を見よう。

（1）『県警察史』の「土下座・哀願、男にどうしてそんなことができる」を鵜呑み

『富山県女性史』の二三五頁後半には、明治期の県内の米騒動についてこう書かれている。「常に破壊行動を伴ったものではなく、単なる救助哀願か米移出阻止運動であり、その主体はほとんど女たちであった。……女たちの運動はもっぱら哀願の形をとり、中には土下座し、あるいはひざまずいて取りすがる。これを執拗に繰り返し、資産家の施しや、役場の救助を哀願した。故に「〃男がど

うしてそんなまねができる。みっともない〃というのが男たちが騒動に加わらない理由だったようである」（『富山県警察史』）。ばんどり騒動に見られる農民一揆とは全く異質である」。

「〃男がどうして……〃……理由だったようである」の部分だけが、『富山県警察史』（以下では『県警察史』と略）からの引用であるような括弧の付け方をしているが、それ以前もすべて（構文の少しの違い以外は）同書からの借り物であることは、その六一六頁と比べて見れば明らかである。ところが『県警察史』のこの部分は、一九一八年「米騒動」が起こってから、その必要で県警察部が作った偽証物なのである。

一般に海岸部の騒動は漁民で（男子が夜間・早朝の出漁で昼寝の必要から）女性が多いが、日清戦後産業革命期の社会構造の変化とともに、県西半では消え、ほとんど東半（新川）海岸地帯だけに残されていた。したがって、日清戦争後と限定しないで「東岩瀬町から泊町にいたる一連の町村」が「騒動の中心」と言っているのは誤りで、「今回の（一九一八年の）米騒動も、本県の場合は明治以来の習慣をそのまま行ったもので、（中略）土下座して哀願する姿も見られた」は全くの作り話である。

警察の文書が、これほどに隠蔽的偽証的なのは、旧士族出身者によって構成されることで始まった、戦前の警察社会に体質的な身分差別・男尊女卑もあったのであろう。そしてそれと正に裏腹に、男が一人でも混じっていれば神経をとがらせて拘引するので、それが却って騒ぎを大きくした。一九一八年「米騒動」では魚津で一人だけ混じっていた八百屋のオヤジを引致したため、女たちが署まで押し掛け、西水橋でも同情的見物者に過ぎない売薬名望家を拘引したため、東西水橋合同の男女の大集団が滑川署まで遠征することになった。このように男たちも決して、後に退いていたばかりいたわけではない。東水橋では街道上の米車止めはまず男たちによって始められ、また有力者宅を回るから一人ずつ出てくれと声がかかると、年寄り子供までが出かけた。滑川の「米騒動」でも動員が掛かるとそれに応じたのは、三分の一が男たちだった。そして下小泉の〝晒し屋〟広場を埋めた二千人（斉藤弥一郎『米騒動』）の「野次馬」の男ほど、滑川の「女一揆」を全国に轟かしたものはない。男性は背後にいて、大衆化する場面や交渉難航段階では登場して、大きな役割をしているのである。富山市や大きな都市の「米騒動」では皆全国的に男性が中心にいるのである。

以上のすべての事実に反して、高井編の『富山県女性史』は「米騒動」を女性は「土下座・哀願」、男は「みっともない」と加わらなかったという、警察の作り話の請け売りをしているのである。

(2)『証言 米騒動』の三大欠陥を引き写す

この本は北日本新聞社刊の『証言 米騒動』という欠陥本をも引き継いでいる。その第一は松井滋次郎（干冬）の蒐集した証言「座り込む富山の女たち」（『労働農民運動』一九六八年月号）「米騒動から五十年――富山県の現地をたずねる」（『赤旗日曜版』一九六八年七月二八日）の双方を、全く無視していることである。したがってそこに記されていた問題提起「イ」水橋の米騒動は東水橋の西浜で始まったのであって、西水橋からではない。「ロ」東水橋では移出米商高松に停止を要求する行動を七月初めから八月三日までに二十数回もやっていた。「ハ」その要求で仲仕の親方や高松の親戚へも行き、百人もの女たちが米の汽船積みを阻止した。「ホ」滑川へ運ぶ米車を街道上で男たちだけで、また女たちだけで阻止した」等が一言も触れられていない。第二に『証言　米騒動』では簡単に触れられている瀧川弥左衛門さんの、七月下旬中央紙の記者に東水橋騒動の記事電報を打たされたという証言など、意識さえしていないようである。『証言　米騒動』の第三の欠陥、「米騒動」の始まりを魚津の七月二三日にする誤りも、全く無反省である。この点を筆者の論文（一九八八年七月の『歴史評論』六九頁）で指摘された後も、高井進の論著は何度か異なった出版社から出ているが、訂正せずに逆に八月三日に戻したりしている。これは研究上最も古い誤りへの逆戻りである。

(3) 東海側製の通史ものを真似ることによる誤り

(イ)魚津・滑川・水橋などを「小さな漁村」と書く

「北陸の小さな漁村で始まった」（二五六頁）と書いてあるが、眼前にある魚津・滑川・東西水橋など当時でも人口一万前後の、大正期としては立派な中小都市の市街地で囲まれた海岸が、「小さな漁村」なのかと驚かされる。このように都市漁民の「米騒動」だったのに、現地を知らない東海側の通史家が、ドラマティックにするために書いた言葉を引き写しにしたので、このような富山県人にあるまじき誤りが生じたのである。この種の稿を素通りさせたのは、編集者の問題と思われる。

(ロ)女仲仕でも「沖仲仕」と書く誤り

二五八頁の女仲仕たちの写真に「沖仲仕」と書いているのは、陸《おか》仲仕の誤りである。富山湾沿岸で昔から「仲せ」と言ってきたもので、陸仲仕の割合が大きかったと思われる。和船時代には河口港の岸近くに横づけになって、板で渡って積む場合が多かったので、沖まで艀で行って積みかえる沖仲仕の割合は小さく、海岸の倉庫だけでなく農村部から米を大量に運んでくるのが米の移出地帯の特色でもあったからである、だから「仲せ」という言葉は、「仲遣い」といって陸の届け物をした職業があったと同じように、本来仲介的な運搬に背を提供した「仲背」で、「仲仕」の訛ったものではなかったかもしれない。だから筆者の育った北前船・北海道通いの系累のなかとか、岩瀬・東水橋のような「仲せ」の多い港町では、陸仲仕の意味で「仲せ」「仲仕」と言っても沖仲仕と誤解されることはない。ところが富山県でも港町でなかった所や、「仲せ」の歴史を知らない若い世代の人たちは、仲せ・仲仕と聞くと「沖仲仕」のことと誤解するようである。艀に乗って沖の船まで行くのは、男でも兵隊帰りの若い壮丁に限られており、女たちは米を艀のなかまで担いでも、艀に乗って沖に行くことはなかったのである。

(4) 富山連隊のシベリヤ派遣期を誤る

筆者が『米騒動通信』第六号に証言を紹介した、富山六九連隊に出動命令が出ていたとの指摘は、当時連隊本部詰めだった横山藤吉、陸軍内にあった瀬島龍三の証言及び『日本弁護士協会録事』二三四号の「会報」の三者一致によって確立しているものである。ところが高井は二七〇頁の前半で、「丁度そのころ、シベリア出兵の動員がかかっていた時で、その事と証言者の記憶が混じっているのではないか……」と水野栄次郎に、下手なケチをつけさせている。富山連隊からシベリヤへ派遣されるのは、「米騒動」より三年も後の大正一〇年のことなので、混同しているのは高井・水野の方である。

前掲『米騒動通信』第六号には、高井が編集委員・執筆者の富山歴史教育研究会編『富山県の歴史散歩』（山川出版社、一九七四年）の「米騒動」記述に対して、滝川弥左衛門が「米騒動を考える会」（八五年七月に県教育文化会館）の席上行った批判が掲載されている。滝川は「『富山県の歴史散歩』が「米騒動」を「穏やかな集団運動であったのである、と断定し」ているが、「これほどまでに富山県人というものを、おとなしいということで粉飾するのは、一体どういうことか」。「水橋ではああいう激しい運動があって、幾人もの人間が検挙されておるし、警察も手の施しようがなかった。そして遂に軍隊の出動を要請したのです」。「どうしてこういう事になったかということを、追及して直させるというところまで行かんと、本当のものが出来んのじゃないかと思う。こういう事を、皆さんにお諮りしておきたいと思います」」。

(5) 引用の不公正

筆者が高井に請われて彼の編集する『近代史研究』第2号に書いた拙稿は、東水橋の水上ノブと滑川の川村サトを並べて女仲仕の集団に高い評価を与えている。その二五頁に筆者が書いた「米倉庫からハシケまで」「ひと晩背中の皮がヒリヒリするほど」「～労働者」などの語句が、二六九頁前部に、集中して現れている。殊に「米肥商の暴利の目撃商人であると共に被害者」(同頁右より三行目)に至っては筆者の文章そのままで、引用の「」まで付いたままであるが、筆者の名と論文名だけが落とされている。巻末の文献表は全巻を通じたものであるが、その「米騒動」関係のところでも、その『近代史研究』第2号の拙稿と、それを転載した『いま、よみがえる米騒動』など、筆者の執筆物だけは徹底して消されている。

論集第Ⅰ・Ⅱ巻の諸論稿についての所感

井本　三夫

第一章　国際的性格についての諸論稿

1　東アジア全域にわたる

本論集第Ⅰ・Ⅱ巻には併せて一七篇の寄稿があった。その対象とする範囲は日本国内のみならず、「米騒動と植民地朝鮮」、「米騒動と中国――一九一八年江蘇米対日輸出と江蘇省議会」、「台湾の米騒動期と議会設置運動」、「東南アジア米輸出ネットワークと米騒動」など東アジア全域に及んで、極めて国際的である。当時の日本の植民地・従属国だった地域が多いことから、その食糧政策自身が帝国主義的だったことが窺われる。第Ⅰ巻の最初の論稿「一〇〇周年・一五〇周年を迎えた『米騒動』と『維新』の内的関係」が示すように、「不平等条約体制期」の外圧下に生じた「上からの近代化」ゆえに残された旧構造が日本近代に米騒動を生ぜしめていたことにも、一九世紀後半以来の国際状況が顕れている。これをも含めると一七篇中の五篇までが、国際的性格の論稿と言える。

例えば独露の権益下から日本の手に移った山東・満蒙を取り戻そうと、中国では大戦後一九一九年に五四運動・抗日阻米騒動が広がるが、これに至る重要な過渡期を堀地明氏の「米騒動と中国

――一九一八年江蘇米対日輸出と江蘇省議会」は、詳しく考察している。また、佐藤いづみ氏の「東南アジア米輸出ネットワークと米騒動」は、英仏蘭などによる東南アジアの植民地モノカルチャーと米輸出地帯の形成から、大戦前後のラングーン、サイゴン、シンガポール、香港と広がる米輸出ネットワークの全体像を図表・統計などで俯瞰し、他では見られなかった貴重な視野を与えている。この地域の砂糖・穀物を欧州連合国に運んで巨利を得ていた鈴木商店・三井物産など日本の船持ち商社は、日本の米価が高騰すると日本輸入のための政府指定商として（湯浅商店・岩井商店なども加わって）買い漁り、インドネシア島嶼部では餓死や民族運動組織の輸出反対運動をまで誘発したのであった。

これらの詳細は各々の論稿に任せ、このような国際的問題のなかでも殊に酷薄な植民地状態を日本が強いていた朝鮮について考察しておこう。

2　趙論文「米騒動と植民地朝鮮」が開いた新しい視点

本論集で、第Ⅰ巻に趙景達「米騒動と植民地朝鮮」の寄稿を得たことで新しい視野が開けた。第一次大戦末「米騒動」の研究では、朝鮮への影響の仕方が永らく問題であった。吉岡吉典による一九六〇年代の研究[1]があり、翌年の三・一独立運動にまで一貫していながらも街頭騒擾の件数が少なく、また日本語新聞「京城日報」に依っていた限界もあった（趙氏によれば、朝鮮語新聞「毎日申報」

を用いて吉岡論文を追視した李廷銀の論文もあったという)。それでこの疑問を、米騒動百周年の機会に解明してもらおうと、趙氏に寄稿をお願いした次第である。

趙論文は「日本の米騒動の影響が強くあったのだとすれば、朝鮮民衆は翌年に三・一運動を起こす力量を持っていたのだから、そうした運動を一年前倒しにして起こしていても何ら不思議ではない。そして、三・一運動の際にも、食糧暴動的な騒擾はどこにも起きていない。米騒動の影響があるというなら、これまた、まことに不思議なことである」と、朝鮮民衆の食生活の歴史的総括から始める。

「旧韓末期の食生活」:一八七六年に日朝修好条約が押しつけられて米の対日輸出が始まると、米価が騰貴し壬午軍乱・甲午農民戦争などの背景にもなったが、併合(一九一〇年)前は食生活の旧慣が通され、米飯を主食に一日三食が普通で重労働の際は五食に及び、副食も豊富で、日本人より体格も(平均身長で四センチ三ミリ)大きかった。衣・住より食を優先する習慣だったことに依ったらしく、朝鮮人の大食・酒好きは定評があった。

「武断政治期の食生活」:併合(一九一〇年)は陸地棉の強制栽培で農民の自給自足を破壊し、重税・賦役と米の日本向け移出が増加する一方のため、一九一二〜一四年の調査では米食を主にするものは稀になっており、雑穀混用で夏には瓜類さえ主食になった。中部の京畿道・忠清道・全羅北道は米が主食だが二食のものが珍しくなく、南部の全羅南道・慶尚道は米と共に麦も主食化し、黄海道は粟が主食となっていた。

「民衆の忍耐」：米価は日本より少し安いが、一九一七年五月頃から高騰して、一八年七月初めにはシベリア出兵交渉のなかで、相場開始以来の最高値に。総督府は朝鮮米が日本米と同じ味なので取り上げて、朝鮮人には東南ア・南京米を食べさせようと鈴木商店に朝鮮米を買い占めさせた。しかし下請け商人の動きが七月中頃から世上に知られ、総督府・京城商業会議所が政府に中止させたが、八月初旬の京城では一升四〇銭台に昇った。東南ア・南京米は「悪臭あり」と粟の方が好まれた。農民は麦粟稗《ひえ》、真瓜などで自給自足する一方、綿花・雑穀を売る副業で潤い、打撃を受けたのは市街地の職工・下層民・月給取りであった。京城では雑穀を混ぜた粥の一日一食で絶食者も居り、水原では野草・海藻を混ぜた粥、真芹を食べてのその日暮らしであった。殊に悲惨なのは朝鮮人月給取り（巡査補や憲兵補助員は俸給が日本人官吏の半分）で、豚小屋住まいのような雑穀生活だった。李王家はじめ朝鮮人・日本人の篤志家の寄付で八月初旬頃から廉売が始まった。

「朝鮮の米騒動」期：労働争議が激増するのは日本より一年遅く一八年になってからで、例年の八件から五〇件へ、参加人員も前年比四倍になっている。新聞で内容が判るのは八件であるが、唯一暴動化（負傷者一〇人・逮捕者二一人）したのは九月一日に起こった慶尚南道の漁師の一件だけで、雇用主が日本人漁師を味方につけたので朝鮮人漁師と四〇〇人の乱闘になった。民族対立によるこれ一件では、日本の「米騒動」が影響したとは言えない。

街頭の事件でも新聞等で確認される数件のうち四件までは日本人による集会ビラで、他に八月に木浦で三〇人ほどの朝鮮人鉄道工夫が小売店で、なぜ「米を高く売るかと叫びつつ」不穏行動に及ぼうとした事件があるが、「朝鮮人なのに日本人の米屋より高い価格をつけたことに対する民族的義憤」と解釈される。唯一暴動化したのが京城鐘路小学校廉売場で起った抗議事件である。日本人の列は二〇〇人に過ぎないのに、朝鮮人の列は一〇〇〇人もいて結局買えなかった老婆が立ち去ろうとしないのを日本人係員が押し倒したのが、老婆が死んだとの虚報になって小学校を打壊すまでの大暴動になって、一〇九名が逮捕され、うち二七人が予審に付された。他にもう一つ、一七年八月に全羅南道霊光郡で米を日本や他港に運び出そうとした朝鮮人米穀商を踏み殺そうとした事件があり、趙論文は「伝統的な朝鮮の米騒動で……日本の米騒動と連動するという性格は持っていない」とするが、「朝鮮の米価は日本と並行して一七年五月頃より高騰し」ていたから、日本向けの分量次第で民族的抵抗事件と言い得よう。

以上のように争議でも街頭でも、騒動化しているのは民族差別に関わる事件以外にない。「日本民衆は植民地朝鮮民衆の犠牲の上に米食生活を享受し」、朝鮮人は「日本よりはるかに劣悪な食糧事情に置かれていたにもかかわらず」「雑穀粗食を習慣化」して耐えており、日本の米騒動が朝鮮にも拡がったということは出来ない。また「米騒動が三・一運動に影響を与えたと言うこともできない」。一九年の「米価が下落した三、四月こそが三・一運動が最も激しく行われた時期であ」り、「しかも米価は、運動が下火になった七月以降、前代未聞の狂乱的な四〇～五〇円台に突入している」。「三・一運動は何よりも民族的な憤激をその抗拒の起爆剤としていた……」。日朝両民衆の間に「連帯があったとすれば、日本内地において在日朝鮮人が米騒動に参加した事例が見られるばかりであるが、これを過大に評価することは禁物である」という。

3　二、三の語句に対する私見

以上のように趙論文は新しい視点を開いており、多くを学ばしていただいた。結論の部の二、三の語句にだけ意見を申し添えたい。

(1)「日本民衆は植民地朝鮮民衆の犠牲の上に米食生活を享受して」いたにかかわらず、「米騒動に参加した日本民衆はそのことになんらの疑問も自責の念も感じていなかった」とあるが、民衆は十分な教育を受けられずにいた上に、権力による情報統制下で欺かれていたのであって、「疑問」「自責」を感じるかどうかの問題ではない。また民本主義の吉野作造や黎明会の人たちをはじめ、知識人や記者たちは政府の朝鮮政策を批判している（前掲拙著『米騒動という大正デモクラシーの市民戦線――始まりは富山県でなかった』二〇七頁参照）。

また「米騒動は……手前勝手な日本民衆の姿を浮き彫りにした」わけではない。米騒動は朝鮮との関係があろうと無かろうと（「上からの近代化」故《ゆえ》の旧構造との矛盾で、未曽有の貿易黒字が金余りに転じて投機横行の米価・物価高になった故に）起こらねばならない国内構造によっていたからである。したがって「米騒動」を起こしたことで朝鮮民衆から「手前勝手」と言われなければならないのは、日本の民衆ではなく支配層である。

(2) よく使われる「内には民本主義、外には帝国主義」というフレーズは、中朝人民への陳謝の気持から出たものであっても誤りである。大正デモクラシーは初の政党内閣を誕生させるのにさえ、「内」でその「米騒動」に三十余人を殺害されねばならなかった。また大正デモクラートたちは「外」の三・一運動弾圧、シベリア戦争にも果敢に反対している。民主主義の「先進国」だった欧米諸国は、階級の異なりであって、「内」と「外」の問題ではない。民主主義の「先進国」だった欧米諸国は、みな植民地・従属国を持っていた。「内には民本主義、外には帝国主義」という、この誤ったキャッチ・フレーズが流行るようになったのは、A・ゴードン（米人）が大正デモクラシーを「インペリアル・デモクラシー[2]」などと揶揄してかららしい。「インペリアル」に天皇制と帝国主義の双方をかけた洒落のつもりらしいが、米国こそが帝国主義以前からの先住民族絶滅政策や奴隷制で建国し、今でも人種差別の最も激しい国であることを忘れているようである（前掲拙著『米騒動という大正デモクラシーの市民戦線――始まりは富山県でなかった』四二頁参照）。

日本の誤りのような例は、（独立後の）朝鮮自身にもある。朴正熙政権のもとで米軍指揮下にベトナムの独立阻止に出征していたからと、韓国の民衆自身を見下げるべきであろうか。北朝鮮についても、その独裁体制を民衆までが支持していると見るべきであろうか。日本の、明治以来の朝鮮侵略もまた、薩長藩閥政権の侵略性によっているのであって、日本の民衆のせいにして済むことではない。権力とその抑圧・情報統制下にある民衆を区別することから出発し、彼ら自身の被害に気付かせるところから始めて覚醒させ、両国民衆間の相互信頼を復活していく他に道はない。

(3) 日朝両民衆間の連帯としては「日本内地において在日朝鮮人が米騒動に参加した事例が見られるばかりであるが、これを過大に評価するのは禁物である」と、趙論文は「五年後の一九二三年の関東大震災で」の朝鮮人大虐殺の問題を挙げているが、この大虐殺は姜徳相などの研究の蓄積で実証されているように、日本の支配階級が政策的意図的に行った画策の結果である。民族間の不信を解消するため、姜徳相論文の紹介を本巻一一五頁に設けたので、見て頂けるようお願いしたい。

註

(1) 吉岡吉典「米騒動と朝鮮」(『朝鮮研究』四一、四五、四八、五六号、一九六五〜六六年)、「植民地朝鮮における一九一八年——米騒動と朝鮮」(『歴史評論』二一六号、一九六八年)

(2) アンドリュー・ゴードン「日本近代史におけるインペリアル・デモクラシー」(翻訳。『年報・日本現代史2』一九九六年五月)

第二章　米騒動の国内勃発地についての諸論稿

1　赤城弘氏による常磐炭田の米騒動史

福島県は明治の民権期以来、民衆運動やその研究が盛んで、大正七（一九一八）年の米騒動についても、庄司吉之助の詳細な『米騒動の研究』（未来社、一九五七年）がよく知られている。しかし常磐炭田（南半は茨城県内）でのそれを詳しく歴史化したのは、本論集第Ⅰ巻に掲載の赤城論文が最初である。その一四二～四七頁で赤城氏は、大正期の常磐炭田の全争議をリストアップし、第一次大戦末米騒動の三つの時期における増減を、俯瞰できるように示している。それを見ると、対米価騒擾（賃上げ争議・暴動）がまさしく一七年春から急増し、第一期（一七年春～一八年七月末）にも第三期（一九年一月～二〇年春）にも一〇件以上起こっている。

第一期・第二期・第三期の各々について、常磐炭田の対米価賃上げ騒擾（争議・暴動）が如何に行われていたかの実情を、赤城論文は地元紙などの史料と照合して、詳細に示してくれている。そして一例として、唐虫炭坑暴動の実質米価の図における位置を一五九頁の図（一五六頁一一行目では誤って一六〇頁と書かれている）に示して、全国現象との共通性を納得させてくれているが、唐虫以外の事件についても同様の結果が得られる。

このような指摘に対し、呑川泰司氏は次のようにいう（赤城論文、二二一頁）。

「一九一七年初夏ごろから一九一八年初秋にかけて、常磐炭田では少なくとも一一件の大小争議を数え、飛躍期を示す。しかし地域住民の生活要求と連動する行動はうかがえない。……したがって、この時期の炭砿労働者の行動を米騒動の様相を呈したものと規定するには、無理がある」

また、炭鉱用語で実情をいろいろ書き、「炭砿の男が炭砿の外に出て、市中の米騒動を『組織、指導』するなどには、余りにも遠い所にいたとみるべきである。……したがって、井本論文の主張のように、一九一七年後半からの労働者の賃上げ闘争はすでに米騒動であったとする指摘を、すくなくともこの時期の常磐炭田において、ただちに肯定することはできない」という。

ここで注意すべきは、実質米価上昇率（米価上昇率を賃金上昇率で割ったもの）が急騰し、それに対して労働者自身が対米価の賃上げ騒擾（賃上げ争議・暴動）をしているのに、それを「米騒動」には数えず、「住民の生活要求と連動する行動」とか「市中の米騒動を『組織、指導』する」ことだけしか、「米騒動」に数えていない非合理である。このように「米騒動」を街頭的なものに限る視野狭窄は、近世来の偏見に過ぎない。労働者自身の対米価賃上げ騒擾を中心に置いた、近代的な米騒動の定義が必要になっていることに気付くべきである。

呑川氏はまた、「たしかに唐虫炭砿の騒擾は炭砿の米騒動の名に相当するものだが、その発生は全国的には米騒動の波が引いた一九一九年（大正八）の春先のことである」と書いているが、これも間違いである。呑川氏が「米騒動の波が引いた」というのは街頭騒擾のことに過ぎない。炭坑の対米価賃上げ騒擾が二〇年まで頻発しているのをなぜ米騒動と考えないのであろうか。（赤城論文一五八頁の図に見るように）賃金に対する実質米価は一九年春にも再び騰がって、一七年初夏～一八年前半のレヴェルを超しているではないか。

2　第一次大戦末米騒動が「一七年春～二〇年春」にわたることは秋田県でも歴然

常磐炭田に似て鉱山が多い秋田県の場合を、第Ⅱ巻の佐藤守「秋田の鉱山と土崎の米騒動・大戦後デモクラシー期――『種蒔く人』とその後」で見てみよう。秋田県では非鉄金属の鉱山が多く、県の主要産業になっていたが、日清・日露戦後になると争議が頻発するようになる。自然発生的なものであるが多様な形態で、（佐藤論文、二四三頁に見るように）仙北郡荒川鉱山、雄勝郡院内鉱山、南秋田郡虻川鉱山、北秋田郡花岡鉱山、鹿角郡の熊沢鉱山・小坂鉱山・鴇鉱山・尾去沢鉱山の全てに起こっている。その明治二九・三〇年の荒川・院内鉱山の争議は日清戦後米騒動の、明治四〇年の鴇・尾去沢・虻川のそれは日露戦後米騒動の、明治四五年の花岡・荒川鉱山のそれは元号交替期米騒動の一環である（第Ⅰ巻の二六頁の図を参照）。

第一次大戦末米騒動は、一七年六月に土崎港で精米所搗夫・運送店人夫・職工などがストライキを起こし、鉱山でも……なので、（一七年春～二〇年春）続く全米騒動期の、まさしく第一期が起こっているのを確認できる。しかし第二期（一八年の八月以後）の街頭騒擾は（噂だけで）現実化していない。西日本や関東などのそれが東北日本海側まで伝えられてくるのに余裕があって、施米・廉売などの事前処置が十分にとられたからと思われる。そしてそれに比べ第三期（一九年～二〇年春）は、全国屈指ともいえる盛況である（第Ⅱ巻、佐藤論文の二四九頁・表3の大正八、九年）。諸鉱山・土崎港を中心に油田工その他多彩な職種で争議が闘われ、それを背景に、『種蒔く人』が土崎で（大正一〇年二月）発刊されて、三号以後は東京で続刊されている。「世界主義文芸雑誌」を謳い、日本に初めて第三インターナショナルを紹介し、日本のプロレタリア文学に多大な貢献をした「タネマキスト」と、その地元勢「秋田労農社」の活躍は、東北の米騒動の大きな役割を象徴するものと言えよう。

3 「仙台の米騒動」

前記のように秋田県では、第二期の街頭騒擾は現実化していない。西日本や関東などのそれが東北日本海側まで伝わってくるのに余裕があって、施米・廉売などの事前処置が十分にとられたからだろうが、福島県では庄司吉之助の『米騒動の研究』で知られているように、「福島・郡山・若松・

平・喜多方・白河の大都市と十六ヵ町・三農村・三漁村」で起こっている。宮城県の場合も石巻、遠田郡涌谷町、後の登米市、白石町・塩釜町などで起こっているが、仙台の一八年八月一五～一七日の事件の過程を、「東北大学米騒動調査グループ」以来の史料蓄積を踏まえた、精緻な中川正人氏の論文「仙台の米騒動」で見てみよう。

氏が抽出したその特徴（第Ⅱ巻二一〇頁以下）は以下のように要約できよう。

○市民大会開催から貼紙・野外集会・街頭行進・集団交渉という流れは他の地方都市と変わらないが、野外集会の場所が多かった。西公園（桜町大神宮）・青葉神社・東本願寺・伊勢堂山・芭蕉の辻・毘沙門天など、地域の歴史・文化の地だったことと関係があろう。

○幾つかに分かれて行動し、烏合の集団行動ではなく、押しかけたときは代表者（複数）が交渉し（初日一五日には警官が立ち会うこともあり）、交渉中の相手に暴行や破壊は行っていない。背後の群衆の了解を得ながら交渉し、納得できる結果が得られると群衆が万歳で応えた。難を逃れるため予め廉売や寄付金の貼紙を出している者がいても、万歳三唱でその対応を認めている。

○提示・交渉・決定する国産白米の値段（一升二五～二〇銭）は暴騰前の一般市民の生活水準の価格で、寄付金交渉でも「我々は市民の代表である」と宣言して現金を受け取らず、承諾書を書かせるか貼紙を出させている。

○ごく一部の者が無分別な行動（破壊・略奪・暴行・放火など）に関わったことは事実であるが、「乱暴するな。呑み逃げするな」と代金を払わせ、「酒はぜいたく品。不要」と中止させる群衆がいる。集団の先頭に立って行動していた西方某も「市民一〇万のために起って、米価値下げ、救助金の募集に努むべし。……放火は注意すべし」と指示している。

○一六日に過激な言動が生じた背景には米穀商や資産家が門戸を閉じて交渉を拒否し、在米隠匿で廉売に応じず、値下げや寄付金の約束に不履行な一方で警察に通報し、軍隊が出動してそれを守ったことに対する、不信と深い怒りがあった。

○押しかけられたのは大量の米を隠匿する大米穀商や、不当利益を享受する高利貸しで、醸造業者は小作米を常時倉庫に確保している大地主であり、攻撃された一部の米屋は升目ごまかし・外米混入・販売拒否など、不正・暴利・差別を行ってきた者であった。

要するに仙台の米騒動は暴動ではなく、多くの市民の支持を得ている「集団の実力の行使」に他ならない。したがってその裁判に対しては、正しい要求に基づく行動であると主張し、不法な取り調べや事実誤認に屈せず反論している。懲役刑の四九名は直ちに控訴し、宮城控訴院は二名の無罪と一〇名の減刑を行ったが、布施辰治ら一二名の弁護士を擁して大審院に上告している(全員上告棄却の判決)。布施辰治の著『生きんが為に 法廷から社会へ——米騒擾事件の弁論公開』(布施辰治法律事務所、一九六八年)が詳しく引用され、米騒動を暴動とする藤野裕子の視点に疑義が呈される。

中川論文は政友会関係者の、民衆とは異なる関わり方の機微なども指摘していて興味深い。ついでながら、能川泰治氏が筆者(井本)を「市民戦争に一元化しようとしている」と評しているのが誤解であることをも、中川氏は指摘してくれている（第Ⅱ巻二三一頁）。

4　静岡県「米騒動」把握の変遷と、山口県・広島県の場合

静岡県は東海側の大都市圏でない標準的な県と言えよう。したがって、そこでの変遷を追ってみることは、学問的な「米騒動」概念を確立するのに役立つ教育的価値がある。清水実「静岡県下の第一次大戦末米騒動、その始まりと再定義、発生理由」（第Ⅱ巻一五一頁）は、それを冷静・忠実に行っているので、是非その作業過程を清水稿そのもので見てほしい。そしてそれを頭に置いて、標準的ならざる地域、山口県・広島県の場合を見てみよう。

第Ⅱ巻掲載の井竿富雄「寺内内閣・山口県・米騒動」（六三頁）は、当時の内閣が寺内首相・仲小路農商務相・上山農商務次官と三人とも山口県出身者で固めていながら、仲小路・上山が食い違い、意見対立があった様子を記して興味深い。仲小路が地主・米商の儲けが減る外米輸入に手を付けたのは、農業における前近代性に対する批判で、上山の言う「通貨膨張」が原因という指摘は、日本の産業革命が製造機を輸入に頼ってきて、戦時で輸入できなくなると拡大再生産が頭打ちになり、貿易黒字が「金余り」に転じていたことに当たる。つまり日本が「上からの近代化」で済ましてきたため、産業革命と農業のそれぞれに遺る旧構造を、片方ずつ指摘していたと言えよう。

是恒高志「広島県の『米騒動』・大戦後デモクラシー」（第Ⅰ巻二一五頁）によれば、広島県の近代化・現代化のルーツは三つある。まず一八九〇（明治二三）年に呉に海軍工廠が置かれて、ここから近代的重工業が始まった。次は東部の因島で、日清戦争後一八九六（明治二九）年に民間の造船業が始まり、日露戦中の海運保護政策で成長、一九一二（明治四五）年からは大阪鉄工所因島工場として発展した。そして三番目は、県都広島市に第五師団や陸軍幼年学校が置かれて、「軍都」となった。日本初の牛肉缶詰を作った糧秣支廠や被服廠・兵器支廠・陸軍運輸本部なども設けられ、「アジア侵略の兵站」となった。そしてそれぞれの地で労働運動など、各種社会運動が展開された。

呉海軍工廠で明治後期以来ストライキが続き、戦艦「三笠」水兵のイギリス軍港での待遇改善の一九〇一年に始まり、翌年には自己流の規則を強制する新任廠長を解任に追い込み、日露戦後の緊縮財政下の減給拒否（〇六年八月）と続いて、一二（明治四五）年の大ストライキに及ぶ。病院が海軍共済病院に変わるのに職工たちに基金を返さない上、今後も維持費として徴収し続けることに、日頃将校・幹部と差別されてきた職工が反対。職工殴打・侮辱事件などもあって一万二千人の大ストライキになり、首謀者三百人の逮捕で終焉したが、大赦令の形で無罪にせざるを得なかった。これは第Ⅰ巻二六頁の図に元号交替期と書かれている大正政変前期米騒動の一環で、治安警察法下の労働運動史に一線を画し、主流は市民運動から第一次護憲運動に転じ普選運動にも合流していく。

第一次大戦末米騒動の第一期には賃上げストが、（一七年七月の）因島の大阪鉄工所造船工六千名、（同九月の）沼隈郡の奥田造船所の船大工、（一八年一月の）因島大阪鉄工所造船工の再起、（一八年一月の）御調《みつぎ》郡の備後ドックと広島市内の仏壇塗師、（一八年三月の）宇佐郡のブラシ職工と続き、市民のたたかいも（一七年後半の）西備織物同業組合の臨時休業、（一七年一二月の）賀茂郡の酒造税増徴反対と県税増徴反対の県民大会、（一八年二月からの）特別家屋税増徴反対運動と続く。

シベリア出兵開始で米価が二階建て的に奔騰した第二期には、騒擾が街頭化する。（一八年八月九日から）県北の三次・十日市町で米移出反対、（同一一日から）広島市に貼紙が現れて福島町での屯集と安売り要求の米屋押しかけ、翌一二日には安佐郡・佐伯郡にも広がり、一三日には広島市内で数千人が米屋・酒屋・呉服店など多数の商店を襲い、第五師団が出動した。呉市では一三日夜、各所で数百・数千人が「一升二〇銭」を要求して打毀しも起り、一四日には三万人の大騒動になって陸戦隊が出動・発砲、九〇名の重軽傷者を出して内一名が死亡した。工廠職工が多数逮捕され、休暇中とはいえ現役の水兵も多数混じっていた。賀茂郡・安芸郡にも広がり、県東部の尾道・福山市などでも（一四〜一六日に）数百〜千人が屯集して米商に押しかけ、九月二六日には呉市で家賃値下げの市民大会が開かれている。

第三期の一九年には（第Ⅰ巻三三頁の図に見るように）実質米価が再び騰がり、一八年前半のレヴェルを超えていたから、（一九年七月から）活版印刷工の「親愛会」と鍛冶職・大工・木挽らの「新人会広島支部」、（八月に）福山市の備後織物同業者組合、（九月に）広島製針朋友会、（二〇年三月には）広島洋服工親会などが結成され、（一九年二月に）広島市内の仏壇塗師、（八月には）尾道の鍛冶職工と福山の印刷工、（一二月に）広島製針朋友会、（二〇年三月には）広島洋服工親会が賃上げ争議し、

（一九年九月には）広島市で家賃値上げ反対運動が起こって、市政記者団主催で市営住宅・公設市場の演説会が開かれている。呉市で労働問題演説会が行われて、（一〇月に）ＩＬＯ国際会議に呉海軍工廠工手が随員となり、呉労働組合が結成されている。普通選挙運動も、（一九年二月の）広島市の弁護士団・新聞記者団連合による大演説会と呉市の普通選挙期成大会、（三月に）福山市の演説会、（一二月に）大阪朝日新聞呉通信部主催の演説会、（二〇年二、三月に）呉労組・市民によるデモや組織化が行われている。

軍都・軍工廠・造船地帯を持つ広島県は、民衆の側でもこのように多彩な反応を示してきた。工業・造船地帯としてやや似ているが同じ瀬戸内の神戸では、別の問題もあるようである。

5　藤田論文の「暴力論」

藤田論文「米騒動と民衆――神戸を事例として」には幾つかの特徴がある。

(1)第一の特徴：米騒動の全期間三年のうちの四日間一八年八月一一～一四日の街頭騒擾だけを見る。

筆者は予め拙稿を献上して、実質米価は一七年六月から急騰して二〇年春まで一貫し、その上に一八年後半（シベリア出兵開始期）の奔騰を上載せした二階建て構造になっており、したがって勤労者の職場騒擾（争議・暴動）と居住区消費者運動は三年間一貫していて、一八年の八月～年末の街頭騒擾は上乗せに他ならないことを指摘しておいた。しかし藤田は、一八年八月一一～一四日の僅か四日の街頭騒擾だけにしか触れず、それ以外は「米騒動とは別個の運動である」と書く（第Ⅰ巻二九二頁、後より七行目）。一七年六月～二〇年春の三年間の内の数日の街頭騒擾しか見ないのでは「米騒動」論と言えないが（前掲拙著『米騒動という大正デモクラシーの市民戦期――始まりは富山県でなかった』の総論参照）、氏が敢えてこのような立場を取るのは、興味が以下に見るような「暴力論」にあるためのようである。

（2）第二の特徴：「民衆運動の正当性が廃棄された乱痴気騒ぎを伴う暴動局面にこそ……インパクト」があるとの嗜好。

その一八年八月の四日間の街頭騒擾について、氏は「初日である一一日から一二日にかけての騒動勢の行動を概観すると……基本的には民衆運動の正当性を堅持して」おり（二八〇頁前半）、一三日以降の「祝祭のようなお祭り気分に酔いしれるという民衆」にも「自律的な営為が働」き、「得た白米を湊川公園でなどで『群衆に分配』する」「義俠的な立場」（二八一頁）も見られるが、「酒屋や一般商店に対する強要が繰り返され」（二五九頁、後より二行目）、一四日には「午前中から」「此混乱状態を奇貨とし窃盗、掠奪等を働かうとする不正の集団は随所に現れ」（二六四頁中央）たと、述べている。したがって逸脱者・便乗者が混じってきたのは一三日以後で、文字通り火事場泥棒的な集団になったのは一四日であるが、氏は「民衆運動としての正当性が廃棄された乱痴気騒ぎを伴う暴動局面にこそ騒動勢のエネルギーが発揮され、それが運動としてのインパクトを持った」という。そのような「乱痴気騒ぎ」を含む便乗者も現れるのが社会であるにしても、その便乗者の方に「エネルギー」や「インパクト」を感ずるのは、氏の個人的の嗜好に過ぎない。したがってそれを「米騒動」と混同して、「米騒動」の「両義性や限界性」（二九五頁末尾）というのは、容認できない。

（3）便乗者を誇大視

廉売にありつけなかった不満の群衆が八月九日から一万人を数え（二四八頁）、三菱造船所八〇〇〇人の暴動に刺激された一二日の、鈴木商店本店前の始まりは「優に一万余」人が押し寄せていた（二五六頁）。一三日夜でも湊川公園から県庁に交渉に出かけた「緩和派民衆の代表者」の下には、「絶えず五〇〇〇名ほど」が参集していた（二六〇頁）。それに比べて火事場泥棒的集団が歴然と現われるのは一四日だけで、「新川以東において、約三〇〇〇名の一群が閉ざされた商店の門戸を破壊して飲食品を掠奪した後、次第にその数を増して五〇〇〇名に及ぶ大集団となり八幡筋を進行」（二六三頁）し、「米商のみならず料亭や呉服店、古着店など」を「襲撃」するが、警官・軍隊に鎮圧された後は「二十余名」「八十名集団」、最大でも「五百余名」（二六四～五頁）に減ってしまっている。人数からいっても、一二日の「一万余」や一三日夜の「緩和派」の五〇〇〇名とは比較にならないのだから一四日の「乱痴気騒ぎを伴う」局面の方に「エネルギーが発揮され」「インパクトを持った」

というのは誇大視であろう。

（4）まとめ

他の大都市の場合も見ておこう。街頭騒擾を報じたメディアの中心が関西大手新聞だったせいか大阪・京都が早く、大阪では部落民や貧民が蓄積された今宮町など西成郡・東成郡の歴史的な面と、天王寺公会堂の「市民大会」からの近代的な面が見られ、押しかけ方に格差拡大への批判が見られる。京都府の場合は最大の被差別部落から始まり、郡部でも被差別部落中心で、市周辺の一八部落のすべてから市内の米騒動に参加している。名古屋市は四年前の「電車賃事件」で「市民大会」の地だった鶴舞公園から倉庫や、買占めの噂のある邸宅・米商などへ押しかけつつ、毎屋回米屋町を目指す。東京では人口に比例して参加者数が大きく、また集合箇所が多いが、激烈な形をとらず直接の物的損害は大きくない。横浜も横浜公園に集まり呉服店、電車に投石しつつ真金町遊郭に至るが、暴行には至らなかった。いずれの大都市も二日目以後は米屋だけでなく、旅館・呉服店・料理飲食店・遊郭などへの攻撃で格差拡大への反感を示すが、専門的な火事場泥棒的集団は見られない。

したがって、それが神戸で多少見られたとしても一般的現象ではなく、都市形成の経緯に関わるのではないかと思われる。つまり幕末開港の新しい国際貿易港である上に、二つの巨大造船所（三菱・川崎）や神戸製鋼所などが来て、新興工業都市として西日本の労働人口が（被差別部落民を含め）職を求めて集まり、都市スラムが成長して仲仕など港湾労務者層を動かす手配師・やくざなどが手を広げる土地柄になったためであろう。

米騒動自身とそのような火事場泥棒的便乗者を混同する藤田論文が、先行研究を「あくまで政治史的観点に立脚」した「発展史観」（二四一頁末尾）、「騒動の主体である民衆にとって」の「視点がやや弱い」などとする意見は受け入れられない。一因には、いわゆる「民衆暴力論」の影響があるようだが、論議は別の機会にゆずらざるをえない。「米騒動」が「『インペリアル・デモクラシー』として帝国日本支配を補強」したとする誤りについては『米騒動という大正デモクラシーの市民戦線』の四二頁に批判ずみで、「関東大震災時の朝鮮人虐殺」を日本民衆によるものとする誤りについても、本巻に併載の姜徳相の実証研究の紹介で指摘してある（一二一頁参照）。

【執筆者略歴】

コリン・D・スロス

1958年、オーストラリアに生まれる。但し英国市民。1982年、英国シェフィールド大学史学科卒業。日本史専攻。同年来日し、富山県内に住む。1984年より富山外国語専門学校で講義。1986年、論文「Toyama Rice Riot」でシェフィールド大学修士となる。1989年より金沢星稜大学（旧称・金沢経済大学）で教授する。

論著：「The 1918 Ishikawa Rice Disturbances」（『金沢経済大学論集』1991年11月）、「“モーラル・エコノミー” 論争とイギリスの18世紀食糧騒擾研究」（『telos』 金沢経済大学人間科学研究所、1998年３月）ほか多数。

村上邦夫（むらかみ・くにお）

1956年生まれ。元・教員（社会科）。

東京歴史科学研究会会員。黒部川扇状地研究所研究員。

井本三夫（いもと・みつお）

1930年生まれ。元・茨城大学理学部教授。

主要著作：『北前の記憶』（桂書房、1998年）、『図説 米騒動と民主主義の発展』（共著、民衆社、2004年）、『水橋町（富山県）の米騒動』（桂書房、2010年）、『米騒動という大正デモクラシーの市民戦線――始まりは富山県でなかった』（現代思潮新社、2018年）、『米騒動・大戦後デモクラシー百周年論集』Ⅰ・Ⅱ（編集、集広舎、2019年）、『米騒動・大戦後デモクラシー百周年論集Ⅲ　世界の食糧騒擾と日本の米騒動研究』（単著、集広舎、2022年）

［連絡先］住所：神奈川県藤沢市石川 6-25-3-406号室

E-mail：imotomt@yahoo.co.jp

米騒動《こめそうどう》・大戦後《たいせんご》デモクラシー百周年論集《ひゃくしゅうねんろんしゅう》 Ⅳ

2022年 6 月10日　第 1 刷発行

編　者　井本三夫

発行者　川端幸夫

発　行　集広舎
〒812-0035 福岡市博多区中呉服町 5 番23号
電話 092（271）3767　FAX 092（272）2946

制　作　図書出版花乱社

印刷・製本　大村印刷株式会社

ISBN978-4-86735-032-4